CITY TRIP

DEN HAAG
MIT SCHEVENINGEN

001dh Abb.: ug

W0229108

INHALT

EXKURSE ZWISCHENDURCH

Ulrike Grafberger, Helmut Hetzel

9. – 13.10.10

CITY|TRIP
DEN HAAG
MIT SCHEVENINGEN

NICHT VERPASSEN!

1 BINNENHOF [C8]
Rund um das mittelalterliche Gebäudeensemble des Parlaments schlägt das Herz der Stadt und der niederländischen Demokratie (s. S. 68).

2 MAURITSHUIS [D8]
Im Mauritshuis, das an das „Torentje" des Ministerpräsidenten angrenzt, gibt es großartige Kunst zu sehen. Das bekannteste Gemäde ist hier natürlich „Das Mädchen mit dem Perlenohrring" von Vermeer (s. S. 70).

6 DIE PASSAGE UND DER PLAATS [C8]
Die Passage – die älteste überdachte Shoppingmeile der Niederlande – und der Plaats – eine ehemalige Hinrichtungsstätte – laden zum Bummeln und Einkaufen ein (s. S. 75).

8 LANGE VOORHOUT [D8]
Ob zum Antiquitätenmarkt, zum Tee im Hotel Des Indes oder zum Flanieren zwischen mächtigen Linden – der „schönste Platz der Niederlande" ist auf jeden Fall einen Besuch wert (s. S. 77).

11 PALEIS NOORDEINDE [C8]
Das Schloss mit der langen und bewegten Geschichte ist der „Arbeitspalast" der niederländischen Königin. Hier beginnt und endet jedes Jahr ihre Fahrt mit der Goldenen Kutsche zur Parlamentseröffnung im Binnenhof (s. S. 83).

12 PANORAMA MESDAG [C7]
In diesem Museum befindet man sich „mitten im" größten Gemälde der Niederlande aus dem Jahr 1881. Zu sehen sind u. a. das alte Dorf Scheveningen und der Strand (s. S. 84).

13 VREDESPALEIS [C6]
Im Friedenspalast wird Völkerrecht geschrieben. Er ist u. a. Sitz des Internationalen Gerichtshofs der UNO (s. S. 85).

18 KURHAUS [F1]
Einst ein hölzernes Badehaus, ist das Kurhaus heute ein majestätisches 5-Sterne-Hotel, in dem Staatsgäste und Prominente verkehren (s. S. 94).

21 HAFEN [B2]
Rund um den schönen Hafen von Scheveningen wird am Vlaggetjesdag der neue Hering gefeiert (s. S. 96).

24 MADURODAM [E5]
„Die kleinste Stadt der Niederlande" zeigt im Maßstab 1 : 25 alles, was Holland so liebens- und sehenswert macht (s. S. 99).

Leichte Orientierung mit dem cleveren Nummernsystem
Die Sehenswürdigkeiten der Stadt sind zum schnellen Auffinden mit **fortlaufenden Nummern** versehen. Diese verweisen auf die ausführliche Beschreibung **im Kapitel „Den Haag entdecken"** und zeigen auch die genaue Lage **im Stadtplan.**

■ IMPRESSUM

Ulrike Grafberger, Helmut Hetzel
CityTrip Den Haag
mit Scheveningen

© Peter Rump
Alle Rechte vorbehalten.

1. Auflage 2010
ISBN 978-3-8317-1915-0

Herausgeber und Gestaltungskonzept:
  Klaus Werner
Lektorat: travel@media oHG
Layout: Günter Pawlak (Umschlag),
  Anna Medvedev (Inhalt)
Fotos: siehe Bildnachweis S. 6
Karten: Ingenieurbüro B. Spachmüller,
  travel@media oHG
Druck und Bindung:
  Fuldaer Verlagsanstalt GmbH & Co. KG

Dieses Buch ist erhältlich in jeder Buch-
handlung Deutschlands, der Schweiz,
Österreichs, Belgiens und der Niederlande.
Bitte informieren Sie Ihren Buchhändler
über folgende Bezugsadressen:
  Deutschland: Prolit GmbH, Postfach 9,
  D-35461 Fernwald (Annerod)
  sowie alle Barsortimente
  Schweiz: AVA-buch 2000, Postfach,
  CH-8910 Affoltern
  Österreich: Mohr Morawa Buchvertrieb
  GmbH, Sulzengasse 2, A-1230 Wien
  Niederlande, Belgien: Willems
  Adventure, www.willemsadventure.nl

Wer im Buchhandel trotzdem kein Glück
hat, bekommt unsere Bücher auch über
unseren Büchershop im Internet:
www.reise-know-how.de

Wir freuen uns über Kritik, Kommentare
und Verbesserungsvorschläge:
Reise Know-How Verlag Peter Rump GmbH,
Osnabrücker Str. 79, 33649 Bielefeld,
info@reise-know-how.de

Alle Informationen in diesem Buch sind von
den Autoren mit größter Sorgfalt gesammelt und vom Lektorat des Verlages gewis-
senhaft bearbeitet und überprüft worden.
Da inhaltliche und sachliche Fehler nicht
ausgeschlossen werden können, erklärt
der Verlag, dass alle Angaben im Sinne der
Produkthaftung ohne Garantie erfolgen
und dass Verlag wie Autoren keinerlei Ver-
antwortung und Haftung für inhaltliche und
sachliche Fehler übernehmen.
Die Nennung von Firmen und ihren Produkten und ihre Reihenfolge sind als Beispiel ohne Wertung gegenüber anderen
anzusehen.
Qualitäts- und Quantitätsangaben sind
rein subjektive Einschätzungen der Autoren
und dienen keinesfalls der Bewerbung von
Firmen oder Produkten.

BENUTZUNGSHINWEISE

CITY-FALTPLAN

Die im Buch beschriebenen Örtlichkeiten
wie Sehenswürdigkeiten, Restaurants,
Hotels usw. sind im Kartenmaterial von
Den Haag und Scheveningen eingetragen.

Örtlichkeiten mit fortlaufender Nummer,
aber ohne Angabe des Planquadrats
liegen außerhalb des im Buch abgebildeten Kartenmaterials. Sie können aber
leicht im Internet lokalisiert werden (siehe
Umschlagklappe).

ORIENTIERUNGSSYSTEM

Zur schnelleren Orientierung tragen alle
Hauptsehenswürdigkeiten und Lokalitä-
ten die gleiche Nummer sowohl im Text als
auch im Kartenmaterial:

- **㉒** Die Hauptsehenswürdigkeiten werden
  im Abschnitt „Den Haag entdecken"
  beschrieben und mit einer fortlaufenden
  magentafarbenen Nummer gekennzeichnet, die auch im Kartenmaterial
  eingetragen ist.

  Stehen die Nummern im Fließtext,
  verweisen sie auf die jeweilige Beschreibung der Sehenswürdigkeit im Kapitel
  „Den Haag entdecken".

- **❶151** Mit Symbol und fortlaufender
  Nummer werden die sonstigen Lokali-
  täten wie Cafés, Geschäfte, Hotels,
  Infostellen usw. gekennzeichnet.

- [B4] Die Angabe in eckigen Klammern
  verweist auf das Planquadrat im Kartenmaterial, in diesem Beispiel auf das
  Planquadrat B4.

BEWERTUNG DER SEHENSWÜRDIGKEITEN

★ ★ ★	auf keinen Fall verpassen
★ ★	besonders sehenswert
★	wichtige Sehenswürdigkeit für speziell interessierte Besucher

DIE AUTOREN

Ulrike Grafberger (geb. 1967) studierte Romanistik, Germanistik und Betriebswirtschaftslehre an den Universitäten Würzburg, Siena und Bamberg. Danach arbeitete sie in Hamburg, Bremen, Oldenburg und pendelt derzeit zwischen Bamberg und Den Haag. Sie schreibt Artikel, Bücher und Broschüren mit dem Schwerpunkt Tourismus.

Helmut Hetzel (geb. 1955) studierte Journalistik, Ökonomie, Geschichte, Soziologie und Philosophie an der Universität Dortmund und war Auslandskorrespondent in Peking, nun in Den Haag. Von 1990 bis 1998 war er Präsident der Auslandspresse in den Niederlanden und von 1998 bis 2004 internationaler Präsident der Vereinigung Europäischer Journalisten. 1997 erhielt er den Europäischen Journalistenpreis. Helmut Hetzel hat zahlreiche Bücher über Belgien, China und die Niederlande veröffentlicht.

BILDNACHWEIS

Die Kürzel an den Abbildungen stehen für folgende Fotografen, Firmen und Einrichtungen. Wir bedanken uns für die freundliche Abdruckgenehmigung.

ug	Ulrike Grafberger (Autorin), inkl. Titelbild
belair	Bel Air Hotel
dhm	Den Haag Marketing
kh	Kurhaus Scheveningen
khof	Keukenhof
lia	Lia t'Hart
mob	Matthias Bilawa
nbtc	NBTC
pm	Panorama Mesdag
res	Residenz Hotel
tuk	Tuk Tuk Company
zam	Zamen Gruppe

SCHREIBEN SIE UNS

Dieser CityTrip-Band ist gespickt mit Adressen, Preisen, Tipps und Infos. Nur vor Ort kann überprüft werden, was noch stimmt, was sich verändert hat, ob Preise gestiegen oder gefallen sind, ob ein Hotel, ein Restaurant immer noch empfehlenswert ist oder nicht mehr usw. Unsere Autoren sind zwar stetig unterwegs und erstellen alle zwei Jahre eine komplette Aktualisierung, aber auf die Mithilfe von Reisenden können sie nicht verzichten.

Darum: Schreiben Sie uns, was sich geändert hat, was besser sein könnte, was gestrichen bzw. ergänzt werden soll. Wenn sich die Infos direkt auf das Buch beziehen, würde die Seitenangabe uns die Arbeit sehr erleichtern. Gut verwertbare Informationen belohnt der Verlag mit einem Sprechführer Ihrer Wahl aus der über 220 Bände umfassenden Reihe „Kauderwelsch".

Bitte schreiben Sie an:
REISE KNOW-HOW Verlag Peter Rump GmbH, Postfach 140666, D-33626 Bielefeld, oder per E-Mail an: info@reise-know-how.de

Danke!

Latest News
Unter **www.reise-know-how.de** werden regelmäßig aktuelle Ergänzungen und Änderungen der Autoren und Leser zum vorliegenden Buch bereitgestellt. Sie sind auf der Produktseite dieses CityTrip-Titels abrufbar.

AUF INS VERGNÜGEN

O02dh Abb.: mob

Den Haag ist zwar eine Großstadt, aber dennoch überschaubar. Die Sehenswürdigkeiten in der Stadt liegen alle relativ dicht beieinander.

Wer zum Strand und nach Scheveningen möchte, der ist mit dem Bus oder der Straßenbahn in ein paar Minuten dort.

DEN HAAG AN EINEM WOCHENENDE

An einem einzigen Wochenende kann man zwar nicht ganz Den Haag erkunden, aber doch genug, um die Stadt ins Herz zu schließen. Empfehlenswert ist es, am ersten Tag durch die Innenstadt zu bummeln und den anderen Tag am Strand zu verbringen – egal, wie das Wetter ist. Das Meer hat auch im Winter seinen Reiz und es findet sich immer ein gemütliches Strandcafé für eine Pause.

1. TAG: INNENSTADT

Am ersten Tag geht es durch *zand en veen*, durch Sand und Moor. Keine Angst, keiner braucht hier Gummistiefel. **Sand und Moor** – das ist die Einteilung, die noch im 18. Jahrhundert für Den Haag galt. Auf dem „Sand", also auf den Dünen, lebten die reichen Den Haager, auch *Hagenaars* genannt. Der Grund: Auf Sand konnte man stabilere Häuser bauen. Die ärmeren Leute, die *Hagenezen* lebten im Moor. Noch heute gibt es diese Unterteilung, wenngleich sie mit einem Augenzwinkern bedacht wird.

Vormittags

Wir starten den Tag im *zand*, im mondäneren Teil der Innenstadt rund um den Binnenhof ❶. Zur Stärkung gibt es ein Frühstück im **Dudok** (s. S. 42). Dann geht es über den **Plaats** ❺ zur Straße **Noordeinde**, wo der **Palast der Königin** ⓫ liegt. Hier schließen sich die Shoppingareale **Passage** ❻, **Haagsche Bluf** (s. S. 19)

und **Molenstraat** [C8] an. Wer sich weniger fürs Einkaufen, aber umso mehr für Kultur interessiert, geht die Straße Noordeinde weiter stadtauswärts (viele Galerien!) und besucht das **Panorama Mesdag** ⓬, dessen beeindruckendes Rundum-Panoramabild eine detailgetreue Wiedergabe des früheren Scheveningen bietet. Von dort aus geht es weiter zum **Friedenspalast** ⓭.

Mittags

Über die mondäne Javastraat und später den schönen Denneweg mit seinen kleinen Geschäften und Galerien gelangt man zur **Lange Voorhout** ❽, einem der schönsten Plätze Hollands. Entweder sucht man sich bereits hier ein Plätzchen unter den schattigen Bäumen oder man schlendert weiter zum **Plein** ❸, wo gemütliche Restaurants mit ihren Terrassen zum Ausspannen, Kaffeetrinken oder Mittagessen einladen. Direkt neben dem Plein liegt das **Mauritshuis** ❷, das bekannteste Museum von Den Haag – nicht das „Mädchen mit dem Perlenohrring" verpassen! Direkt neben dem Mauritshuis liegen der **Binnenhof** ❶, in dem der Premierminister seinen Amtssitz hat, sowie der idyllische Hofvijver, ein kleiner See, der das Parlamentsgebäude an einer Seite umgibt.

◀ *Vorseite: Drachenfestival am Himmel über Scheveningen*

Abends

Am späten Nachmittag geht es in die *veen,* in das Moor. Wo früher die ärmeren Gegenden waren, befindet sich heute **Multikulti-Den-Haag.** Ein Spaziergang durch das **Chinaviertel** (s. S. 18) rund um die Wagenstraat [C9] führt vorbei an Geschäften voller chinesischer Kräuter und getrockneter Pilze und an Restaurants mit Wan Tan und Chopsuey. In der Nähe des Rotlichtviertels gibt es an der **Dunne Bierkade** [C9] – oder inzwischen ganz chic „Avenue Culinaire" genannt – für jeden das passende Restaurant oder die richtige Kneipe. An warmen Sommerabenden kann man herrlich auf einem der **Restaurantboote** sitzen.

2. TAG: STRAND UND SCHEVENINGEN

Am zweiten Tag kann man den Sand ruhig wörtlich nehmen, denn heute geht es an den Strand. Doch bevor ein relaxter Strandspaziergang oder ein Sonnenbad angesagt ist, gibt es am Morgen noch etwas Kultur.

Vormittags

Mit dem Bus Nummer 24 gelangt man von der Innenstadt direkt zum **Gemeentemuseum** ㉓, das Museumsfreunde von innen und weniger Kulturinteressierte zumindest von außen besichtigen sollten. Vom Museum aus gibt es zwei Möglichkeiten: ein Besuch in **Madurodam** ㉔, der – auch für Erwachsene sehenswerten – Miniaturwelt, oder ein Bummel durch das **Statenkwartier** ㉒, einem schönen Viertel aus den Anfängen des 19. Jh. voller kleiner Geschäfte und Herrenhäuser.

Mittags

Endlich Ausruhen bei einer Pizza, einem Fischbrötchen oder einem Steak – Hauptsache, der Blick fällt auf den **Hafen** ㉑! Rund um den Jachthafen von Scheveningen liegen unzählige Restaurants und Bistros, alle mit einer Terrasse im Freien und

▼ *Sonne tanken an den Stränden von Scheveningen und Kijkduin*

Blick auf die Segel- und Fischerboote. Auch für jeden Geldbeutel ist etwas dabei – und sei es die Pommesbude, die auch gebackenen Fisch anbietet und äußerst beliebt ist. Mit vollem Bauch kann man sich nun entweder an den Strand legen oder die Strandpromenade in nördlicher Richtung zum **Kurhaus** ⑱ laufen. Hier liegen der **Pier** ⑲, das **Museum Beelden aan Zee** ⑰ und eine weitläufige **Dünenlandschaft** ⑳.

Abends

Rund um das **Kurhaus** ⑱ wird es keinem schwer fallen, einen geeigneten Platz für den ausklingenden Abend zu finden. Im Sommer laden unzählige Strandrestaurants zum Entspannen im Loungesessel mit Meerblick ein. Im Winter gibt es unterhalb des oder vor dem Kurhaus schöne Bars und Restaurants. Wer noch Energie übrig hat, kann im **Crazy Pianos** (s. S. 47) bis zum nächsten Morgen bei Livemusik durchtanzen.

▌DAS GIBT ES NUR IN DEN HAAG

Die niederländische Königin: Königin Beatrix wohnt und arbeitet in Den Haag. Ihr Wohnsitz, Palast Huis den Bosch, liegt in einem großen Park im Nordosten der Stadt. Ihr „Arbeitsplatz" Noordeinde liegt in der gleichnamigen Straße mitten im Zentrum von Den Haag. Befindet sich Königin Beatrix im Palast ⑪, so kündet eine Fahne von ihrer Anwesenheit.

Prinsjesdag: Am dritten Dienstag im September eröffnet die Königin mit einer Thronrede das Parlament. Zum Parlament fährt sie mit der Goldenen Kutsche. Dabei wird sie von Tausenden Menschen bejubelt, die am Straßenrand dem Spektakel beiwohnen. Die Kinder haben an diesem Tag schulfrei.

Tong Tong Fair: Das größte euroasiatische Festival der Welt lockt seit über 50 Jahren Tausende Besucher auf das Malieveld in Den Haag. Früher hieß es Basar Malam Besar: In 14 Hallen, an Hunderten von Ständen, während 400 Workshops, Lesungen, Aufführungen, Ausstellungen und Vorlesungen bekommt man einen hervorragenden Eindruck von der indonesischen und der südostasiatischen Kultur. Wie schmeckt ein Nasi Goreng, welche Früchte wachsen auf Bali, wie klingt Musik aus Polynesien und was ist ein Tong Tong? Hier wird man es erfahren. Dieses rauschende Festival ist ein Magnet für alle, die sich für andere Kulturen interessieren (www.tongtongfair.nl).

Das „Weltgericht": Das ist der Internationale Gerichtshof der UNO. Den Haag ist die Wiege des internationalen Völkerrechts. Alle wichtigen internationlen Gerichte der Welt haben hier ihren Sitz. Außerdem viele andere internationale Organisationen wie beispielsweise Europol, das Europäische Patentamt und die Chemiewaffenabrüstungskonfernz OPCW.

ZUR RICHTIGEN ZEIT AM RICHTIGEN ORT

JANUAR

> **Neujahrstauchen:** Der in Holland heiß geliebte Würstchenfabrikant Unox veranstaltet im ganzen Land das Neujahrstauchen inklusive anschließendem Essen von Erbsensuppe zum Aufwärmen – so auch in Scheveningen. Ganz harte Den-Haag-Besucher können sich also am 1. Januar hier ins eiskalte Nordseewasser stürzen.

FEBRUAR

> **Karneval,** wenn auch nicht so ausgelassen wie in Mainz, Köln oder Düsseldorf, sondern eher dezent und ohne große Umzüge. Es gibt aber die ein oder andere Prunksitzung.
> **Eislaufen** auf zugefrorenen Grachten – wenn das Wetter mitspielt
> **Chinesisches Neujahrsfest:** inzwischen eines der Highlights in Den Haag und viel populärer als Karneval. Der Drachentanz und das Feuerwerk locken jedes Jahr Mitte Februar Tausende nach Chinatown.

MÄRZ

> **City-Pier-City-Lauf:** Der Halbmarathon ist ein alljährliches Spektakel, bei dem die Läufer von der Innenstadt bis zum Pier ⑲ von Scheveningen und wieder zurück laufen. Auch ganze Schulen laufen hier mit, allerdings nur einen Teil der Strecke (www.fortiscpcloop.nl).

◀ *Ganz in Weiß:*
das Strandrestaurant Doen (s. S. 40)

Aktuelle Termine
Mehr Informationen zu aktuellen Veranstaltungen und Terminen in Den Haag gibt es im Internet unter folgenden Adressen:
> www.denhaag.com (englisch)
> www.haagsuitburo.nl (niederländisch)
> www.agenda.nl/Den Haag (niederländisch)
> www.niederlande.de (deutsch)
> www-nbtc.de (deutsch)

APRIL

> **Ostermärkte:** Antikmarkt am Ostersonntag und -montag an der Lange Voorhout ⑧, Ostermarkt am Palaceplein [F2] in Scheveningen
> **Koninginnenach:** Am 29. April tanzt ganz Den Haag durch die Nacht, denn auf verschiedenen Plätzen in der Innenstadt treten Livebands auf (Infos: www.koninginnenach.nl). Begleitend dazu finden für die Kinder Jahr- und Flohmärkte an der Lange Voorhout ⑧ und im Statenkwartier ㉒ am Frederik Hendrikplein statt.

MAI

> **The Hague Jazz:** Das kleine, aber feine Musikfestival findet jedes Jahr an einem Maiwochenende im World Forum Theater statt, das Teil des World Forum Convention Centers (Churchillplein 10, Scheveningen) ist. Auf elf Bühnen gibt es dann ein Jazzkonzert nach dem anderen (www.thehaguejazz.com).
> **Sandskulpturenfestival:** Am Strand von Scheveningen wird Ende April gegraben und gebuddelt, was das Zeug hält, denn dann findet wieder das Sandskulpturenfestival (Infos im Internet unter

▲ *Leider vergänglich: Die Kunstwerke des Sandskulpturenfestivals*

www.sandsculptures.nl) statt. Bis Mitte Juni gibt es – jedes Jahr zu einem anderen Thema – beeindruckende Kunstwerke zu bestaunen, die leider vergänglich sind. Vom Winde verweht …

JUNI

❯ **Vlaggetjesdag:** Die Niederländer feiern ihren Hering! Am Vlaggetjesdag, Mitte Juni, fahren die Schiffe in den Hafen ein: Mit an Bord haben sie das „Sushi der Holländer": den ersten, butterzarten Hering der Saison, den „Hollandse Nieuwe" (www.vlaggetjesdag.com). Rund um dieses große Ereignis feiert Groß und Klein bei Shantymusik, altholländischen Kinderspielen, Puppentheater und einer Show der Rettungsbrigade.

❯ **The Hague Festivals:** In der zweiten Junihälfte kommt es zum Höhepunkt der Den Haager Festivalperiode. Unter dem Motto „Feel free to celebrate" wird zwei Wochen lang an jeder Ecke musiziert, gespielt und gefeiert. Unter The Hague Festivals (www.thehaguefestivals.com) fallen eine Reihe von kleineren Festivals, zu denen auch Den Haag Sculptuur und das Festival Classique gehören.

❯ **Den Haag Sculptuur:** An der Lange Voorhout **8**, dem schönsten Platz Den Haags, werden Skulpturen bekannter Künstler ausgestellt (im Jahr 2006 war es Botero, 2009 Javier Marín).

❯ **Festival Classique:** In der Haager Innenstadt wird ein Wochenende lang versucht, Groß und Klein an klassische Musik heranzuführen. Höhepunkt des Festival Classique ist ein Konzert mitten im Hofvijver, im historischen Zentrum, wo eine Bühne im Wasser erbaut und klassische Musik gespielt wird.

❯ **Grachtenjazz:** Ein Wochenende lang werden in den Grachten Den Haags

Jazzkonzerte gegeben. Doch nicht die Zuschauer gehen von einem Konzert zum anderen, es ist genau andersrum: Die Zuschauer sitzen bei einem Glas Wein vor den Bars und Restaurants und die Jazzmusiker ziehen auf den Straßen an ihnen vorbei (www.jazzindegracht.nl).

❯ **PopHotSpot:** Zwei Wochen lang ist der Grote Markt [B8] das Mekka aller Livemusikfans: Auf dem Platz, auf dem sich eine Bar an die andere reiht, wird ein Podium aufgebaut, auf dem jeden Abend ein Livekonzert gegeben wird. Dann lautet die Desive: hinsetzen, Bier bestellen und Musik hören!

❯ **Biennale Kijkduin:** Ab Mitte Juni bis Anfang Juli werden auf dem Boulevard des Strandbades Kijkduin (s. S. 55) sowie in den angrenzenden Dünen Glas-, Licht- und Klanginstallationen ausgestellt. Begleitend gibt es Film- und Theateraufführungen.

❯ **Parkpop:** Das größte kostenlose Open-Air-Festival Europas zieht pro Jahr rund 250.000 Besucher an. Kein Wunder, denn im Den Haager Zuiderpark (s. S. 54) treten auch Stars wie Sheryl Crow und Robbie Williams auf. Das Festival findet am letzten Sonntag im Juni statt (www.parkpop.nl).

❯ **Veteranentag:** Die Veteranen der Niederlande gedenken ihren gefallenen Kameraden und präsentieren sich mit Musik und Gedenkreden (www.veteranensocieteit.nl).

❯ **Tong Tong Fair:** Die größte indonesische Messe in Europa, ein Kunst-, Kultur- und kulinarisches Spektakel auf dem Malieveld im Herzen Den Haags mit Hunderttausenden von Besuchern. Hier gibt es balinesische Tänzerinnen, Indo-Rock, Vorlesungen, Vorträge, Spirituelles, Massagen, Wahrsager – absolut einen Besuch wert (www.tongtongfair.nl). Seit April 2010 gibt es ein von der indonesischen Botschaft veranstaltetes „Konkurrenzprojekt" zum Tong Tong Fair: den Pasar Malam Besar.

JULI

❯ **Siemens Open:** *das* größte Tennis-Event in Scheveningen

❯ **„De Parade"-Theaterfestival** im Zeeheldenquartier: großes Theaterspektakel und Kleinkunst

❯ **Rosenconcour im Westbroekpark:** eine große Blumenschau und ein Muss für Rosenliebhaber

AUGUST

❯ **Feuerwerk-Festival** am Strand (www.vuurwerkscheveningen.nl): Es gibt einen richtigen Länderwettstreit der Feuerwerkskünstler. Welches Land zaubert das schönste Feuerwerk an den Himmel?

❯ **Salsa Beach Festival:** Ein Hauch von Rio am Strand von Scheveningen, wenn auch nicht so ausgefallen wie der brasilianische Karneval.

❯ **Milan-Festival im Zuiderpark:** Festival vor allem rund um indische und Hindu-Kultur. Geboten werden z. B. Tanz, Tandori-Hähnchen und andere leckere Häppchen der indischen Küche sowie ein Basar, auf dem man sich auch mit indischem Schmuck und Kleidung eindecken kann (www.denhaag.com).

❯ **Den Haag tanzt** – rund um den Denneweg, eines der Ausgangszentren der Stadt. Der Denneweg ist dann autofrei und eine große Tanzfläche und Freiluftkneipe (www.denhaag.com).

SEPTEMBER

❯ **Prinsjesdag:** Am dritten Dienstag im September eröffnet Königin Beatrix das parlamentarische Sitzungsjahr. Aus diesem Anlass fährt sie – von der Menge umjubelt (Kinder haben an diesem Tag schulfrei!) – mit ihrer Goldenen Kutsche durch die Stadt (s. S. 69).

❯ **Drachenfestival:** Am Strand von Scheveningen steigen Ende September die

FEIERTAGE

In der Provinz Süd-Holland, zu der Den Haag gehört, werden die christlichen Feiertage nicht in dem Umfang gefeiert wie zum Beispiel in Deutschland. Karfreitag ist beispielsweise kein gesetzlich anerkannter Feiertag und auch der 1. Mai ist kein Feiertag.

Feiertage sind:
> Neujahr (1. Januar)
> Ostersonntag und Ostermontag (viele Geschäfte sind aber am Ostermontag offen)
> Koninginnedag (30. April, wenn der Königinnentag auf einen Sonntag fällt, wird er verschoben)
> Pfingstmontag
> Himmelfahrt
> Weihnachten (25. und 26. Dezember)

Drachen in die Lüfte. Von kleinen, flinken Turbofliegern bis hin zu großen Luftungetümen sind sie alle da und setzen bunte Tupfen in den Himmel rund um das Kurhaus .

OKTOBER

> **Hollands Dans Festival:** Alle zwei Jahre findet 18 Tage lang das bedeutendste Tanzfestival der Niederlande in Den Haag statt – mit mehr als 70 Aufführungen, 100 Workshops und einer großen Tanzparade. Das nächste Hollands Dans Festival gibt es 2011 (Infos: www. hollanddancefestival.com).
> **Shoot me Film Festival:** Independent-Filme sind das große Thema während dieses Festivals und sie werden – außer in den Kinos – auch an außergewöhnlichen Orten wie im Straßenbahntunnel aufgeführt (www.shoot-me.nl).

NOVEMBER

> **Ankunft Sinterklaas:** Die Niederlande sind im Nikolausfieber und das ist jedes Jahr ein großes Spektakel, insbesondere für Kinder. St. Nikolaus kommt mit dem Boot im Hafen von Scheveningen an, wo er von Zehntausenden begrüßt wird.

DEZEMBER

> **Cool Event Scheveningen** vor dem Kurhaus ⑱. Eine 550 m² große Kunsteisbahn lädt zum Schlittschuhlaufen ein, tagsüber mit vielen Kinder und abends ganz romantisch. Schlittschuhe können vor Ort geliehen werden. Heißen Kakao und Glühwein gibt es in den Cafés und Kneipen drumherum. Auf der anderen Straßenseite steht das dazugehörige „Cooliglo", in dem Kunstwerke aus purem Eis bei einer Temperatur von minus 10 Grad präsentiert werden (Infos: www.cooleventscheveningen.nl).
> **Weihnachtszirkus:** Um die Weihnachtsfeiertage herum trifft man Groß und Klein im Zirkuszelt auf dem Malieveld – zum Clowns- und Tigerschauen.

010dh Abb: ug

DEN HAAG
FÜR CITYBUMMLER

*Den Haag mit seinen vielen Herren-
häusern, Villen und prachtvollen Gebäuden ist eine Stadt mit Stil. Mitten im Zentrum liegt der Binnenhof,
ein ehemaliges Jagdschloss, um das
herum die Stadt entstand. Heute ist
hier das niederländische Parlament
beheimatet. Obwohl Den Haag inzwischen knapp 500.000 Einwohner
zählt, ist es überschaubar geblieben.
Das Zentrum lässt sich gut „erlaufen"
und die meisten kulturellen Sehenswürdigkeiten liegen nah beieinander
bzw. lassen sich schnell und einfach
per Bus oder Straßenbahn erreichen.
In Den Haag gibt es aber auch etwas,
das die meisten Städte in diesem
Umfang nicht bieten können: drei
Strandbäder – das belebte Scheveningen, das familienfreundliche Kijkduin und das noble Wassenaar. Den
Haag ist also sowohl für Kulturfreun-
de als auch für Strandliebhaber lohnenswert.*

WIE ERKUNDET MAN DEN HAAG?

Das Zentrum von Den Haag lässt sich
ganz gemütlich **zu Fuß** durchqueren.
Vom Bahnhof aus ist man im Nu in
der Innenstadt, am einzigartigen Binnenhof ❶ und in den Geschäftsstra-
ßen. Museen und Märkte, Geschäfte
und Galerien, Bars und Bistros liegen
ganz nah beieinander. Und wer nach
Scheveningen möchte, ist mit dem
Rad, dem Bus oder der Straßenbahn
in ein paar Minuten dort. Ausgesprochen gut ist das **öffentliche Verkehrs-
netz** Den Haags – kaum eine Ecke
dieser Stadt, in die man nicht mit
Bus oder Bahn gelangen könnte. Da
es unzählige **Fahrradwege** gibt, kann
man die Stadt auch sehr gut „erfahren". Das Auto ist in Den Haag –
so wie in den meisten niederländischen Städten – eher unerwünscht.

▼ *Am Plein* ❸ *befindet sich ein
Restaurant neben dem anderen*

Die Parkhäuser sind ausgesprochen teuer, freie Parkplätze äußerst selten und wehe dem, der fünf Minuten nach Ablauf des Parkscheins zu seinem Auto kommt. Das Bußgeld ist horrend!

WO KANN MAN EINE PAUSE EINLEGEN?

Wer sich kurz mal vom Sightseeing erholen möchte, der findet am **Plein** ❸ oder am **Grote Markt** [B8] viele Restaurants und Bistros, in denen man das ganze Jahr über – schönes Wetter vorausgesetzt – auch im Freien sitzen kann. Hier werden ganze Menüs oder auch nur kleine Happen angeboten. Wer sich wie ein echter Holländer fühlen möchte, der holt sich am **Fischkiosk** vor dem Binnenhof ❶ einen Hering und isst diesen entweder mit einem typisch schlabberigen holländischen Brötchen oder packt den Fisch so, wie er ist, am Schwanz und beißt herzhaft hinein. Für Kulturinteressierte gibt es in den Museen oftmals schöne Cafés oder auch kleine Gärten in der Nähe, z. B. hinter dem Gemeentemuseum ㉓. Die schönste Pause ist jedoch für die meisten ein **Ausflug an den Strand.** Jacke im Sand ausbreiten, drauflegen und sich die Sonne auf die Nase scheinen lassen!

WOHIN GEHT MAN AM ABEND?

Am Plein ❸, an der Dunne Bierkade [C9], am Denneweg ❿ und am Grote Markt [B8] geht es auch am Abend sehr lebhaft zu, doch im Sommer trifft sich halb Den Haag an der Strandpromenade von Scheveningen. Die vielen Strandpavillons und Kneipen sind dann rappelvoll und man genießt die warme Jahreszeit. Auch der Hafen von Scheveningen ㉑ zeigt sich dann von seiner mediterranen Seite: Hier kann man hervorragend ein Gläschen Wein trinken – mit Blick auf die Fischerboote und Jachten. Wer es ruhiger mag, der geht zu einem der schönsten Plätze der Stadt, dem Anna Paulownaplein [C7] im Mesdagkwartier, oder ins Statenkwartier ㉒.

DEN HAAG FÜR KAUFLUSTIGE

In Den Haag finden Shoppingfans einfach alles: Von den Megastores am Bahnhof Holland Spoor über die exklusive Einkaufsmeile Noordeinde in der City bis zu den kleinen, individuellen Geschäften in den jeweiligen Stadtteilen, die exotische Heilkräuter oder gebrauchte Fahrräder verkaufen. Die Niederländer sind bekannt für ihren guten Geschmack, vor allem in Bezug auf Einrichtung. So kann man in Den Haag stilvolle Möbel zu günstigen Preisen und seltene Designerstücke kaufen. Auch Kindersachen sind hier oft fröhlicher und individueller als in Deutschland.

Da Den Haag eine Stadt ist, die von Diplomaten, internationalen Juristen, Topmanagern und zahlreichen weiteren gut betuchten Bürgern geprägt ist, bietet sie sowohl im Zentrum als auch in den einzelnen Stadtvierteln für das kaufkräftige Publikum natürlich hervorragende Shoppingmöglichkeiten.

MÄRKTE

⚓1 [C8] **De Boerenmarkt (Bauernmarkt),** Hofplaats, Stadtzentrum, Mi. 11–18 Uhr. Pilze aller Art, Schafsfelle, getrocknete Bohnen und Linsen und – wir sind ja im Land von Frau Antje – ganz viel Bauernkäse.

2 De Haagse Markt, De Heemstraat 301 (Parkgarage), Mo., Mi., Fr. und Sa. 8–17 Uhr, www.dehaagsemarkt.nl, Straßenbahn 11 und 12 und Bus 127, 130 (Haltestelle Hoefkade) sowie Straßenbahn 6 und Bus 25 (Haltestelle Hobbemaplein). Größter Markt Europas mit rund 500 Ständen im Multikultiviertel Transvaal. Hier gibt es alles: Blumen und Töpfe, Pfannen und Kochlöffel, Obst und Gemüse, Computer und CDs, Jeans und Schuhe, Süßigkeiten und Fisch, Koffer und Uhren. Die Preise sind niedrig und das Angebot stammt aus aller Herren Länder.

3 [D8] Kunst- und Antikmarkt, Lange Voorhout, Mai–September, Do. 10–18 Uhr und So. 10–17 Uhr, Eintritt: frei. Kunst- und Antikliebhaber treffen sich donnerstags und sonntags an der Lange Voorhout. Der ideale Ort, denn wo könnten alte Kostbarkeiten besser verkauft werden als an dem schönsten historischen Platz der Niederlande. Zwischen den majestätischen Bäumen werden Kunst und Kitsch angeboten – von alten Büchern über Schmuck bis zu Opas Nachttopf.

SHOPPINGAREALE UND EINKAUFSZENTREN

Wer H&M, Zara, Intertoys und die üblichen internationalen Ketten sucht, der kann sich in die kleine und sehr

KLEINE PAUSE

Kleine Pause vom Shoppen
Das Kaufhaus Bijenkorf (s. S. 25) in der Wagenstraat/Grote Marktstraat hat neben einer schönen Jugendstilfassade und einem Treppenhaus mit Tiffanyverglasung in der dritten Etage auch ein schönes Café, in dem neben Kaffee und Kuchen auch Salat und die in den Niederlanden obligatorischen *broodjes* bekommt. Das Essen ist gut und die Preise sind bezahlbar.

volle **Spuistraat** [C8/9] stürzen, die an Passage **6** und Haagsche Bluf (s. S. 19) angrenzt. Die großen Kaufhäuser wie Bijenkorf, V&D, Media Markt und Peek & Cloppenburg liegen an der **Grote Marktstraat** [C9], wo sich Richtung Spui auch ein Einkaufs- und Unterhaltungscenter mit Kino angesiedelt hat.

Rund um die Wagenstraat [C9] liegt **Chinatown,** in dem sogar die Straßenschilder zweisprachig sind – niederländisch und chinesisch. Die rund 10.000 Chinesen, die in Den Haag leben, haben eine Vielzahl an Restaurants und Geschäften und sogar ein Hotel in Chinatown eröffnet, sodass man hier in einem Dim-Sum-Restaurant essen, eine chinesische Massage genießen, die wundersamsten Kräuter einkaufen und sich mit Seidenkleidern eindecken kann.

Die alte, wunderschöne **Passage 6**, de Haagsche Bluf und die schöne kleine Fußgängerzone **Noordeinde** [C8] liegen sehr nah beieinander, daher kann man die drei Areale bei einem Einkaufsbummel gut miteinander verbinden. Hier befinden sich die exklusiven Geschäfte und auch sehr schöne Cafés, sodass einem aufregenden Shoppingtag nichts im Wege steht.

CHINATOWN

*Wie fast jede große internationale Metropole hat auch Den Haag sein eigenes Chinatown. Das chinesische Viertel ist im Vergleich zu dem in New York oder San Francisco zwar sehr klein, aber nicht weniger chinesisch. Die Den Haager Chinatown liegt direkt hinter dem großen Warenhaus Bijenkorf (s. S. 25) zwischen Wagenstraat, Gedempte Gracht, Gedempte Burgwal, Bezemstraat, Rabbijn Maarsenplein und der Amsterdamse Veerkade. Dort, wo heute das Leben brodelt, befand sich früher das **Judenviertel der Stadt**. Eine Gedenkplakette am Rabbijn Maarsenplein erinnert daran. Die meisten Haager Juden überlebten den Holocaust nicht, woraufhin viele Häuser dieses Viertels nach dem Ende des Zweiten Weltkrieges leer standen. Erst in den 1970er- und den 1980er-Jahren entschloss sich die Stadtverwaltung, das Viertel, in dem sich inzwischen viele Chinesen angesiedelt hatten, zu sanieren. Seither ist Chinatown einer der **Hotspots von Den Haag**. Sie liegt sehr zentral und bietet hervorragende Shoppingmöglichkeiten, chine-sische Frisier- und Massagesalons und natürlich exzellente chinesische Restaurants wie etwa das Cheung Wing (s. S. 32), Dim Daily (s. S. 32) oder das Kee Lun Palace (s. S. 32). Am Rabbijn Maarsenplein findet man aber auch japanische, koreanische und vietnamesische Restaurants.*

*Die **Straßenschilder** Chinatowns sind zweisprachig - niederländisch und chinesisch - und zwei große typisch **chinesische Tore** machen seit Ende 2009 den Ein- und Ausgang des Viertels auch architektonisch sichtbar. Die typisch roten chinesischen **Lampions** geben dem chinesischen Viertel eine ganz besondere Atmosphäre. Jedes Jahr wird in Chinatown das **chinesische Neujahr** mit einem wilden Drachentanz gefeiert.*

Achten sollte man auch auf die Inschrift auf dem Gehsteig in der Gedempte Gracht/Ecke Wagenstraat [C9]. Dort steht auf chinesisch und niederländisch in Stein gemeißelt das chinesische Sprichwort „Eine Generation pflanzt den Baum, die nächste kann im Schatten dieses Baumes sitzen".

Abzweigend von der Straße Noordeinde gibt es im sogenannten Hofkwartier viele kleine und individuelle Geschäfte (www.noordeinde.net).

De Haagsche Bluf [C8] ist eine kleine Einkaufszone, die nicht nur aufgrund ihrer – eher exklusiven – Geschäfte beeindruckt, sondern vor allem wegen der besonderen Architektur. Obwohl dieses Einkaufsviertel weitestgehend neu erbaut wurde, hat man alte und sehr verschiedene Stilelemente nachgeahmt und sie mit moderner Architektur kombiniert. Der Name „Bluf" entspricht dem *bluff* in der englischen Sprache und zeigt, dass es sich bei den schönen, alt wirkenden Gebäuden und den verwinkelten Gassen im Haagsche Bluf eben um nichts anderes als „die Vortäuschung falscher Tatsachen" handelt. Am besten betritt man den Haagsche Bluf vom Dagelijkse Groenmarkt aus, denn von der anderen Seite, der viel besuchten Vlamingstraat ist er nur schwer zu erkennen.

HAAGSCHE BLUF

Die kleine, aber sehr gemütliche **Einkaufszone** *Haagsche Bluf [C8] liegt zwischen dem Dagelijkse Groenmarkt, der Vlamingstraat, Vennestraat und der Nieuwstraat. Sie wurde im Jahr 2000 eröffnet, nachdem ein ehemaliges Kino und einige Häuser an dieser Stelle abgebrannt waren.*

Der Haagsche Bluf ist nicht nur eine **architektonische Hommage** *an die Stadt, sondern auch ein spöttischer und selbstironischer Verweis auf die angebliche Mentalität der Einwohner Den Haags, denn anderswo in den Niederlanden werden die Den Haager gern als eingebildet und manchmal etwas hochnäsig verspottet. Es macht das Bonmot die Runde, dass Den Haager mit einem Geigenkasten unter dem Arm zum Kartoffelkaufen beim Gemüsehändler gehen. Schließlich wollen sie auf dem Weg dorthin als Künstler wahrgenommen werden.*

Der „Bluff" am Haagsche Bluf sind die **Außenfassaden historischer Gebäude** *aus Den Haag und Umgebung, die hier als schicke Fassade für die vielen Shops einfach* **nachgebaut** *wurden. Potemkinsche Dörfer könnte man sie nennen. Unter ihnen ist die Imitation des Page-Hauses, dessen Original aus dem Jahr 1618 an der Lange Voorhout steht, sowie ein venezianischer Giebel und einige Fassaden aus dem nahe gelegenen Delft. Es ist also mehr Schein als Sein und der Name Haagsche Bluf passt daher wie die sprichwörtliche Faust aufs Auge zu diesem kleinen Shoppingareal mitten im Zentrum der Residenzstadt. „Haagsche Bluf" ist übrigens auch ein* **süßes Dessert,** *das aus geschlagenem Eiweiß und Fruchtsaft zubereitet wird.*

Was kann man hier alles kaufen? Fantastisches Olivenöl, guten Tee, Schmuck, Schuhe bei Kangnai, Mode und Süßigkeiten für Naschkatzen. Auch maßgeschneiderte Hemden für eitle Herren werden hier geschneidert.

Über dem Haagsche Bluf befindet sich übrigens die Haagsche Lounge, eine urgemütliche Dachterrasse, die einen nach der „shopping experience" zu einem kühlen Drink einlädt und auf der es sich auf jeden Fall zu verweilen lohnt.

Der sehr beliebte **Denneweg** ❿, der an die Lange Voorhout ❽ angrenzt, zeichnet sich durch schöne alte Häuser, vielseitige kleine Geschäfte und gute Restaurants aus. Auch wenn man nicht unbedingt in Shoppinglaune ist – den Denneweg und die Antiquitätengeschäfte sollte man nicht verpassen. Im Sommer laden die Restaurants mit ihren kleinen Terrassen zu einem Besuch ein.

Die **Frederik Hendriklaan** [B4/C3] ist eine schöne Einkaufsstraße mit kleinen, individuellen Geschäften und gemütlichen Cafés im Scheveninger Statenkwartier ㉒. Erreichbar ist sie mit dem Bus 24 (Haltestelle Frederik Hendriklaan). Weitere Infos erhält man unter www.defred.nl (auch in englisch).

Rund um den **Königlichen Palast** ⓫ befinden sich die exklusiven Geschäfte der großen Designer: Boss, Hilfiger, Marc Cain – um nur einige zu nennen. Aber auch Glasdesign von Iittala und niederländische Kunstwerke locken die eher betuchte Klientel.

EXTRATIPP

Genever von Van Kleef

Man betritt den kleinen, von außen unscheinbaren Laden und fühlt sich in eine andere Welt bzw. in das Jahr 1842 versetzt. Fässer vom Boden bis unter das Dach auf der einen Seite, auf der anderen eine alte Ladentheke und dahinter zahlreiche Flaschen voller Hochprozentigem. Hier gibt es Genever, Korenwijn und Liköre in allen Geschmacksrichtungen – von Himbeere über Birne bis hin zu Kaffee. Gern darf man etwas probieren, noch besser aber ist, man meldet sich zur *proeverij*, zur Verkostung, an. Dann bekommt man von der Inhaberin Fleur Kruyt nicht nur ein paar Gläser Genever serviert, sondern auch eine Menge Informationen rund um das Getränk: Was der Unterschied zwischem altem und jungem Genever ist (der „Alte" ist nicht etwa ein paar Jahre länger gelagert, sondern wird nach altem Rezept hergestellt), wie er destilliert wird und warum Genever früher lebenswichtig war. Die Erzählungen von Fleur sind ein echter Genuss und dazwischen wird immer wieder mal das Glas erhoben: Prost! Auch werden die geschichtsträchtigen Apparaturen und Kessel erklärt, die im hinteren Teil des Ladens stehen und heute als kleines Museum dienen. Wer Den Haag von seiner charmanten Seite kennenlernen möchte, der ist bei Van Kleef gut aufgehoben.

🔒7 [B9] **Van Kleef Destillerie und Museum,** Lange Beestenmarkt 109, Den Haag, Tel. 070 3452273, www.vankleef.eu, Mo. 13–18 Uhr, Do.–Sa. 10–18 Uhr, Straßenbahn 2, 3, 4, 6 (Haltestelle Grote Markt) und Bus 25 (Haltestelle Grote Marktstraat). Eine Verkostung gibt es für ca. 8,75 € pro Person (ab vier Personen) inkl. Brot, Tapenade und Oliven. Auch viele andere Arrangements sind möglich (Infos auf der Website). Bitte vorher telefonisch reservieren und auch anmelden, in welcher Sprache man die Verkostung wünscht. Wer keine *proeverij* möchte, dem sei eine Flasche Genever in der traditionellen Steinflasche empfohlen.

▼ *Van Kleef: Hochprozentiges zum Probieren und Mitnehmen*

011dh Abb.: mob

GENEVER, DAS NIEDERLÄNDISCHE NATIONALGETRÄNK

Genever - manche schreiben auch Jenever - ist das niederländische **Nationalgetränk** und wird nur in den Niederlanden, Belgien, dem nördlichen Frankreich um Lille, das einst zu den Niederlanden gehörte, und im deutschen Ostfriesland destilliert.

Die Niederländer trinken den Genever sowohl als **Aperitif** als auch als **Digestif.** Vor allem in Holland und Belgien gibt es den klaren Schnaps in vielen Varianten: Jonge Jenever, Oude Jenever, Korenwijn, um nur die drei bekanntesten Varianten zu nennen.

Jonge (junger) Jenever ist ein klarer Schnaps, der in der klassischen Zubereitungsweise aus Gerste, Roggen und Mais gebrannt wird. Zur geschmacklichen Abrundung wird auch Wacholder und manchmal Kümmel, Anis und Koriander hinzugefügt. Jede Destillerie hat ihr eigenes Rezept und ihre eigene Destillationstechnik, sodass jeder Genever anders schmeckt. Das Getränk hat mindestens 35 Volumenprozent Alkohol und wird in Holland meist in den berühmten Tulpengläsern ausgeschenkt.

Oude (alter) Jenever ist in der Regel leicht bräunlich, weil er oft karamellisiert wird. Er hat einen stärkeren Wacholder- oder Koriandergeschmack als der junge. **Korenwijn,** manchmal auch Corenwijn genannt, ist der König unter den Genevern und der ideale Begleiter zum holländischen „Nieuwe Haring".

Der junge und der alte Genever werden oft oder fast ausschließlich auf **Ethylalkoholbasis** hergestellt. Korenwijn hat mindestens 38 Volumenprozent Alkohol und kann sogar dunkelbraun sein, wenn er lange im Eichenfass gelagert wurde. Ein guter Korenwijn kann es geschmacklich mit einem Maltwhisky aufnehmen.

Wann der Genever zuerst in den Niederlanden destilliert wurde, steht nicht exakt fest. Es heißt, der Arzt Franziskus de le Boe Sylvius habe ihn 1650 erstmals hergestellt - aber nicht als Getränk, sondern als **Medizin.** Er gab ihm das französische Wort „genièvre" - für Wacholder. Die Briten haben aus dem niederländischen Genever ihren **Gin** gemacht.

Inzwischen gibt es auch noch „Zitronen-Genever" oder „Früchte-Genever" und sogar „Schokoladen-Genever". Diese Sorten werden durch den Zusatz von Aromastoffen „auf Geschmack" gebracht.

Bekannte niederländische **Genevermarken** sind: Ketel 1, Bokma, Olifant, Hoppe, Henkes, Hartevelt und Claeryn. Sie kommen meist aus Schiedam (Rotterdam), Den Haag, Amsterdam, Leeuwarden (Friesland) und Leiden.

Eine der ältesten Destillerien in Den Haag aus dem Jahr 1842 ist die von Van Kleef (s. S. 20) auf dem Lange Beestenmarkt 109 im Süden der Stadt, dem alten Zentrum Den Haags. Dort wird seit 1842 aber nicht nur Genever, sondern es werden auch andere alkoholische Getränke und Liköre wie Orangen-, Kirsch-, Pfirsich-, Zitronen-, Schokoladen- und sogar Liköre mit Kaffeegeschmack destilliert.

GESCHÄFTE

Kulinarisches

🔴4 [B4] **Kalkman,** Frederik Hendriklaan 222, Den Haag, Tel. 070 3551880, Mo.–Sa. 9–18 Uhr, Bus 21 (Haltestelle Willem de Zwijgerlaan). Bis unter die Decke stapeln sich hier die Gouda-Räder. Es gibt den *kaas* in allen Reifegraden, aber auch französische und italienische Käsespezialitäten sowie das passende Knabberzeug. Empfehlung: Man sollte einen kleinen *boerenkaas* mit nach Hause nehmen. In seiner Wachsumhüllung hält er sich eine Zeit lang.

🔴5 [C8] **'t Bakkertje,** Oude Molenstraat 38, Den Haag, Nähe Noordeinde, Tel. 070 3460229, www.hetbakkertje.nl, Mo.–Sa. 7.30–17 Uhr. Der traditionelle kleine Bäckerladen im Hofwartier verkauft neben Focaccia, belegten Brötchen und Muffins auch einige Haager Spezialitäten: die Kaffeebonbons *Haagsche Hopjes, Haagsche Ooievaartjes* (leckere Rahmbutterkekse) und *Haagsche Kakkers* (Rosinenkuchen).

🔴6 [A4] **Westerbeek,** Van Slingelandtstraat 121, Den Haag, Tel. 070 3507821, geöffnet Di.–Fr. 9–18 Uhr, Sa. 9–17 Uhr. Ganz versteckt im Statenkwartier liegt dieser kleine Laden, in dem Nico Fernandes mit viel Liebe seine Pralinen herstellt. Nicht ganz günstig, aber ein Genuss

Kuriosa

🔴8 [C8] **Drogerie Van der Gaag,** Dagelijkse Groenmarkt 27, Den Haag, Mo.–Sa. 9–18 Uhr, Straßenbahn 17 (Haltestelle Gravenstraat). Seit 1796 deckt sich hier ganz Den Haag mit allen möglichen Kräutern, selbst gemachten Cremes gegen Fußpilz, Deodorants, homöopathischer Medizin und Badesalzen ein. Eine wunderschöne alte Drogerie, bis an die

🔺 *In der Drogerie Van der Gaag gibt es vom Bonbon bis zur Fußcreme fast alles*

Decke gefüllt mit Krügen, Dosen, Tuben, Bottichen und Schalen. Tipp: Unbedingt die leckeren Lakritz-Dropjes probieren.

🛍9 [C8] **Hopi Navajo,** Molenstraat 32, Den Haag, Nähe Noordeinde, Tel. 070 3640585, www.hopi-navajo.nl, Di.–Fr. 11–17.30 Uhr, Sa. 11–17 Uhr. Wer schon immer mal eine Friedenspfeife rauchen oder als Squaw herumlaufen wollte, der wird hier fündig. Traumfänger, Flöten, Mokassins, Kräuter, Kopfschmuck, Kuhledertaschen, Pfeil und Bogen und noch vieles mehr haben die engagierten Ladenbesitzer in den letzten 12 Jahren in diesem kleinen Laden zusammengetragen. Unbedingt sehenswert, vor allem für dienigen, die mit dem Schamanismus liebäugeln.

🛍10 [D2] **La Caldera,** Keizerstraat 17, Scheveningen, www.lacaldera.nl, Mo.–Sa. 11–18 Uhr. Ein Esoterikladen in der beliebten Keizerstraat von Scheveningen. Wer auf der Suche nach einem typgerechten Edelstein, einem ätherischen Öl oder ayurvedischem Produkt ist, der kann sich bei La Caldera inspirieren lassen.

🛍11 [B9] **Wempe en Wempe,** Buitenom 4, Den Haag, Straßenbahn 6 (Brouwersgracht), www.wempewempe.nl, Do. 9–21 Uhr, Fr. und Sa. 9–17 Uhr. Da hat man nun das schöne Service von Oma zu Hause, aber ein paar Stücke fehlen. Kein Problem, denn bei Wempe en Wempe findet man bestimmt den fehlenden Unterteller oder die Tasse. Auch vollständige alte Service können hier ge- oder verkauft werden.

Möbel, Porzellan, Accessoires

Man fährt nicht unbedingt zum Möbelkaufen ins Ausland. Dennoch gibt es in Den Haag ein paar sehenswerte Geschäfte, die holländisches Design und Möbel aus den 1950er-Jahren anbieten. Die Holländer haben im Allgemeinen einen guten Geschmack bezüglich ihrer Einrichtung und viele Möbelstücke sind hier ausgefallener und preisgünstiger als in Deutschland.

🛍12 [C8] **Dille & Kamille,** Plaats 16, Den Haag, www.dille-kamille.com, Mo.–Sa. 10–18 Uhr, So. 10–17 Uhr, Straßenbahn 1 und 10, Bus 22 und 24 (Haltestelle Kneuterdijk). Hier gibt es alles, was man zu Hause an Nützlichem und Liebenswertem so brauchen kann: vom Teesieb über die Seife bis zum Tischtuch, vom Kräutertopf über Kerzen bis zur Kreidetafel – und das alles relativ günstig und in schönem Retrodesign.

🛍13 [C8] **Hamilton,** Passage 9, Den Haag, Tel. 070 3463494, Mo.–Sa. 10–18 Uhr, Do. bis 21 Uhr, Straßenbahn 17 (Haltestelle Gravenstraat), www.hamiltondenhaag.nl. Wie hieß noch mal das blauweiße Service aus Holland? Genau, Delfter Blau. Und das gibt es bei Hamilton zu kaufen (noch mehr davon bekommt man natürlich in Delft). Ansonsten hat der Tabakladen in der Passage noch einige Den Haager Souvenirs und wunderschöne Segelbootmodelle im Angebot.

🛍14 [B8] **Kikke Spulle,** Westeinde 43, Den Haag, www.kikkespulle.nl, Straßenbahn 3 (Haltestelle Prinsegracht), Tel. 070 3805340, Di.–Sa. 10.30–17.30 Uhr, Do. bis 20 Uhr, So. 13–17 Uhr. Im Zentrum von Den Haag liegt dieser ausgefallene Möbelladen. In eingerichteten Showrooms werden moderne Designermöbel mit Stücken aus den 1950er-, 1960er- und 1970er-Jahren kombiniert. Hier steht ein Sofa von Machalke, dort ein Stuhl von Ray & Charles Eames, daneben eine Vintage-Uhr aus den 1970er-Jahren. Absolut sehenswert. Und wer die Designerstücke nicht nach Hause schleppen möchte, kann sie später im Internet bei Kikke Spulle bestellen.

🛍15 [C8] **Ninaber van Eyben,** Hoogstraat 5, Den Haag, Straßenbahn 17, Tel. 070 36555321, www.ninabervaneyben.nl,

Di.-Mi. 10-17 Uhr, Do. bis 21 Uhr, Fr.-Sa. 10-17 Uhr. Vom Kronleuchter bis zum Glaswerk, Service, Geschenke aller Art, Wedgwood-Porzellan, Küchenmaschinen, Lifestyleprodukte, Kochgeräte - ein buntes Sammelsurium.

🛍16 [C9] **Schatkamer**, Grote Marktstraat 18, Den Haag, www.schatkamer.com, Tel. 070 3562655, Mo.-Sa. 10-18 Uhr, Do. bis 21 Uhr. Die Schatzkammer verkauft neben kleineren Möbeln, Küchen- und Badaccessoires auch das in Holland sehr beliebte, knallbunte oder blauweiße Service von Blond Amsterdam. Unbedingt mal hinschauen!

🛍17 [B7] **Van Binnen**, Zoutmanstraat 4a, Den Haag, Straßenbahn 17 (Haltestelle Van Spijkstraat), Tel. 070 3646241, info@vanbinnen.nl, www.vanbinnen.nl, Mi.-Fr. 10.30-17.30 Uhr, Sa. 10.30-17 Uhr, So. 12-16 Uhr. Einmal in einem Gispen-Sessel wippen oder sich auf dem Sofa von Martin Visser lümmeln. Bei Van Binnen ist das kein Problem. Hier werden Möbel der Marken Thonet, Müller, Gispen und Paul Schuitema oftmals günstiger als in anderen Designläden angeboten. Der Laden ist relativ klein, aber die Beratung professionell und freundlich.

🛍18 [C8] **Woodleaf & Furn**, Dagelijkse Groenmarkt 10, Den Haag, zwischen Haagsche Bluf, Hoog- und Vennestraat, Tel. 070 3569991, Mo. 12-17.30 Uhr, Di./Mi. 9.30-17.30 Uhr, Do. 9.30-21 Uhr, Fr./Sa. 9.30-17.30 Uhr. Little Britain in Den Haag mit so einigem, was eben typisch britisch ist, von Möbeln bis zu Lampen und englischer Marmelade, aber natürlich auch Porzellan und Gläser, Wanddekorationen und Beleuchtung.

🛍19 [C8] **Zot&Zoet**, Prinsestr. 66, Den Haag, Tel. 070 41071258, Di.-Sa. 10-16 Uhr, Do. bis 21 Uhr, Mo. ab 12 Uhr. Taschen, Taschen, Taschen, aber auch Möbel, Kleidung und alle möglichen und unmöglichen Accessoires.

🛍20 [C8] **Zumpolle**, Venestraat 33, Den Haag, www.zumpolle.nl, Tel. 070 3639581, 10-18 Uhr, Do. bis 21 Uhr, montagmorgens geschlossen. Hervorragende Kollektion von Lederwaren und Reiseartikeln. Topmarken und ein Spezialservice: samstags kann man von 10 bis 13 Uhr seine Lederwaren hier auch reparieren lassen.

Mode und Schuhe

🛍22 [C8] **Dungelmann Schoenen**, Hoogstraat 1, Den Haag, Tel. 070 3630203, www.dungelmann-schoenen.nl, 9-18 Uhr, Do. bis 21 Uhr, So. 12-17 Uhr, montagmorgens geschlossen. Den Haags klassischer Schuhladen aus dem 19. Jahrhundert. Maßarbeit - und die ist nicht billig.

🛍23 [C8] **Eduard Pelger**, Hoogstraat 16, Den Haag, Zentrum, Straßenbahn Linie 17, www.eduardpelger.nl, Tel. 070 3644908, 10-18 Uhr, Do. bis 21 Uhr, samstags 9.30 bis 17.30 Uhr. Mode für den Herrn, vom Scheitel bis zur Sohle, vom Schuh bis zu Anzug und Krawatte.

EXTRATIPP

De Bijenkorf – einen Abstecher Wert

De Bijenkorf („der Bienenkorb") ist ein klassisches Warenhaus mit Jugendstilfassade und einem eigenen Schneiderservice. Es ist zwar nicht ganz so schick wie das Maison de Bonneterie (s. S. 26), beherbergt aber ebenfalls eine ganzen Reihe von Topmarken wie Hugo Boss, Diesel, Armani und Karl Lagerfeld sowie eine eigene „Bijenkorf-Kollektion" und den attraktiven Imbiss- und Restaurantteil „La Ruche" im Obergeschoss. Hier gibt es holländische Spezialitäten wie die klassische Erbsensuppe ebenso wie feine asiatische Küche, Sushi und Sashimi, indonesisches Saté, italienische Pastagerichte sowie ständig wechselnde Grillspezialitäten zu bezahlbaren Preisen. Spezieller Service: Der „Personal Shopper", der den Kunden bei seinen Einkäufen berät und begleitet. Dieser Service wird aber nur den Inhabern der Bijenkorf Card gewährt, mit der man übrigens auch Rabatte bekommen kann. Der Bijenkorf ist für viele Niederländer der Inbegriff des modernen Kaufhauses und wird nach wie vor viel frequentiert. Von Kaufhauskrise ist hier keine Spur.

🛍21 [C9] **De Bijenkorf,** Wagenstraat 32, Den Haag, Mo. 11–18.30 Uhr, Di., Mi., Fr., Sa. 9.30–18.30 Uhr, Do. 9.30–21 Uhr, So. 12–18 Uhr

▼ *Bleiverglaste Fenster im Kaufhaus De Bijenkorf*

Topmarken wie Van Bommel (Schuhe) Gant (Hemden) Paul & Shark, Burberry, Gan Gazzo

🛍24 [D9] **Fred de la Bretoniere,** Korte Poten/Plein 13, Den Haag, Tel. 070 3455401, Mo. 13–18, Di., Mi., Fr. 10–18, Do. 10–19, Sa. 10–17, So. 12–17 Uhr. Lederne Schuhe und Taschen aus eigener Kollektion und bezahlbar.

🛍25 [A4] **Luna Azul,** Frederik Hendriklaan 265, Scheveningen, Tel. 070 3507069, Mo.–Sa 10–18 Uhr, Straßenbahn 17 (Haltestelle Frederik Hendriklaan). Spanisches Flair in Den Haag. Im Luna Azul gibt es wallende Strandkleider, weite Blusen, Lederjacken – sommerliche Mode, die perfekt zu einem Tag und Abend am Strand passt und dabei nicht zu teuer ist.

🔒**26** [G8] **Macy's,** Van Hoytemastraat 56, Den Haag, www.macysdamesmode.nl, Tel. 070 3245500, Mo. 13–18 Uhr, Di.– Fr. 10–18 Uhr, Sa. 10–17 Uhr, sonntags geschlossen. Eine der angesagtesten Modeboutiquen für die Frau. Mit Marken von Armani über Kenzo bis zu Strenesse Blue und Karin Ravelli. Für Eigentümerin Marianne van Walcheren ist die Kundin wirklich noch Königin. Macy's ist ein heißer Tipp für modebewusste Frauen, die den persönlichen Service, Extravaganz und Qualität besonders schätzen.

🔒**27** [C8] **Maison de Bonneterie,** Gravenstraat 2, Den Haag, Tel. 070 5313400, Mo.–Sa. 10–18 Uhr, Do. bis 21 Uhr, www.debonneterie.nl. Ein Paradies für Fans teurer Marken, denn die Maison de Bonneterie hat sie alle – von Burberry und Boss bis zu Dolce & Gabbana. Doch nicht nur das Angebot an Markenkleidung ist sehenswert, sondern auch das Gebäude an sich, das 1913 eröffnet wurde und auf drei Etagen zum Einkaufen animiert. Kronleuchter, schwere Teppiche, Plüschsofas und ein stilvolles Café entführen in die Welt der Upperclass.

🔒**28** [D8] **Marlies Dekkers,** Denneweg 62, Den Haag, Tel. 070 3646947, Öffnungszeiten auf Anfrage, www.marliesdekkers. nl. Britney Spears trägt sie, Pink und Christina Aguilera auch – Dessous von Marlies Dekkers. Die Niederländerin ist mit ihrer stilvollen Unterwäsche inzwischen weltweit bekannt. Zu kaufen sind die eigenwilligen Kreationen in einem schönen Herrenhaus mitten in Den Haag.

🔒**29** [B8] **MISC,** Kerkplein 6, Den Haag, www.misc.nl, Mo. 12–18 Uhr, Di.–Sa. 10–18 Uhr, Straßenbahn 17 (Haltestelle Gravenstraat). Es nennt sich Männerwarenhaus. Auf Paletten, Metallgittern und coolen Kleiderstangen wird in einem großen fabrikartigen Raum trendy Männermode präsentiert: Anzüge von Boss, Kenzo, Bikkemberg, Paul Smith, Vivienne Westwood gibt es hier, dazwischen auch mal ein verrücktes Accessoire.

🔒**30** [C8] **Oger Fashion,** Noordeinde 6, Den Haag, Tel. 070 3658982, www.oger.nl,

■ MAISON DE BONNETERIE

*Am 16. März 1889 wurde diese **noble Kaufhaus** von den jüdischen Eheleuten Joseph Cohen und Rosa Wittgenstein gegründet, allerdings nicht in Den Haag, sondern in Amsterdam. Rosa managte das Kaufhaus, Joseph arbeitete weiter als Vertreter und „fliegender Händler". Die beiden hatten so viel Erfolg, dass sie 1913 eine Dependance ihres inzwischen bis weit über Amsterdam hinaus berühmt gewordenen Maison de Bonneterie eröffneten. An einer der zentralsten Stellen in Den Haag, dem Dagelijkse Groemarkt,*

Ecke Hoogstraat, schräg gegenüber der Passage ❻.

Als Joseph Cohen im Jahre 1924 kinderlos starb, übernahmen seine Neffen Max und Alfred Cohen das Maison. Es gelang ihnen, das Haus durch die Weltwirtschaftskrise in den 1930er-Jahren und durch den Zweiten Weltkrieg, als die Niederlande von Nazi-Deutschland besetzt waren, zu lotsen. Das Maison de Bonneterie ist bis heute in Familienbesitz und eine der nobelsten Einkaufsadressen der Stadt.

Mo. 12–18 Uhr, Di.–Sa. 9–18 Uhr, donnerstags bis 21 Uhr, So. 12–17 Uhr. Herrenmode vom Feinsten: Attolini, Brioni, Boglioli, Cantarelli, Cucinelli, Moncier, Borrelli, Ralph Vaessen, Santoni-Schuhe, Emilio Salgari, Comoshita, Brax, Lorenzini, Woolrich Jacks und natürlich Emmengegildo Zegna. Exklusiv wie die Kollektion sind auch die Preise. Beim Gründer Lusink Oger, der inzwischen außer am Gründungsdomizil in Amsterdam und in Den Haag auch in Rotterdam und der Modestadt Antwerpen vertreten ist, kauft die Upperclass der Niederlande ein. 2008 erhielt Lusink Oger den „Mundo Italia Award". Während des Anprobierens wird Champagner oder auch Kaffee, Tee oder Wasser gereicht.

31 [C8] **Pauw Courture**, Noordeinde 41, Den Haag, Tel. 070 3656777, Di.–Sa. 10–18 Uhr, Mo. ab 12 Uhr, Do. bis 21 Uhr, Straßenbahn 17, Haltestelle Buitenhof. Typisch niederländische Mode für anspruchsvolle Frauen, eigener Stil, gute Qualität und Beratung.

32 [C8] **Purdey**, Noordeinde 11, Den Haag, www.purdey.nl, Tel. 070 36443102, Mo. 12–18 Uhr, Di., Mi., Fr. 9.30–18 Uhr, Do. bis 21 Uhr, Sa. bis 17 Uhr. Wer in Den Haag kurzentschlossen beschließt, ins Konzert oder Theater zu gehen, aber das passende Outfit nicht dabei hat, kann das bei Purdey noch schnell erstehen. Hier gibt es Blusen, Röcke und Blazer zu einem bezahlbaren Preis.

33 [C8] **River Woods**, Haagsche Bluf 52, Den Haag, Tel. 070 3455916, www. riverwoods.net, 10–18 Uhr, Do. bis 21 Uhr, So. 10–17 Uhr, montagmorgens geschlossen. Breites Angebot von Freizeit- und Sportkleidung für Sie und Ihn, für Kinder und Babys

34 [C2] **Skihut**, Vissershavenweg 56, Scheveningen, Tel. 070 3542626, www. skihut.nl, Mo. 13–18 Uhr, Di.–So. 10–18 Uhr, Mo. 13–18 Uhr, Di.–Sa. 10–18

Uhr, Do. bis 21 Uhr und So. 12–17 Uhr. Die Skihut am Scheveninger Hafen hat natürlich im Winter vorwiegend Skier, Snowboards und Skimode im Sortiment. Im Sommer gibt es hier auf 3000 m² Beach- und Surfmode vom Feinsten. Alle großen Marken wie Gaastra, Quicksilver, Protest, O'Neill und Billabong sind vertreten. Rund um die Skihut finden sich noch viele weitere Shops, die sich auf Surfen und Segeln spezialisiert haben – logisch, denn der Strand ist nur ein paar Meter entfernt.

35 [C8] **The Sting**, Dagelijkse Groenmarkt 12, Den Haag, Tel. 070 3621905, Mo., So. 12–18 Uhr, Di.–Sa. 9.30–18 Uhr, Do. bis 21 Uhr, Straßenbahn 17, www. thesting.nl. The Network of Brands – so umschreibt sich das Kaufhaus Sting selbst. Es gibt hier auf zwei Stockwerken Mode für junge Leute. Was neben der Auswahl beeindruckt, ist das palastartige Gebäude mit der großen Glaskuppel, in dem auch ein Café untergebracht ist.

▲ *The Sting - Stil-Tempel mit Mode für junge Leute und Milchkaffee*

🔴**36** [C8] **Wolford,** Noordeinde 7, Straßenbahn Linie 17, Halte Buitenhof, Tel. 070 3609413, Di.–Sa. 10–18 Uhr, Mo. ab 12, Do. bis 21 Uhr. Lingerie, jede Frau weiß, was das heißt – und so mancher Mann auch.

Spielzeug

Wer auf der Suche nach Spielzeug ist, der kann in einer der vielen Bart-Smit- oder Intertoys-Filialen mit Lego, Playmobil & Co. eindecken. Die unten genannten Geschäfte bieten dagegen etwas ausgefallenere Geschenke für kleine Abenteurer und große Puppenfans an.

🔴**37** [A4] **Kikkerkoning,** Aert van der Goesstraat 48, Scheveningen, Mo. 12.30–18 Uhr, Di.–Fr. 9–18 Uhr, Sa. 9–17 Uhr. Zugegeben, im Kikkerkoning („Froschkönig") gibt es viele deutsche Marken, für die man nicht unbedingt nach Holland fahren muss. Aber das ist nicht alles: Auch knallbunte Gummistiefel, schöne Puppenhäuser, Krebsfangnetze, Kuscheltiere und Forscherutensilien haben hier ein vorübergehendes Zuhause gefunden.

🔴**38** [B8] **Roodkapje,** Schoolstraat 16, Den Haag, zwischen Grote Markt und Grote Kerk. Das Spielzeug aus guten alten Zeiten für die Kleinen von heute: Tretautos aus Metall, Puppenwagen aus Weidenrohr, Bausteine aus Holz, Musikspieldosen aus Blech und Puppenhäuser, in denen jedes Mädchen sofort einziehen würde.

🔴**39** [C8] **Sterre + Tijl,** Papestraat 29, Den Haag, www.sterre-en-tijl.nl, Mo. 12–17 Uhr, Di.–Sa. 9.30–17.30 Uhr, So. 12–17 Uhr, Straßenbahn 17 (Haltestelle Gravenstraat). Das Geschäft in der Annastraat ist für Kinder bis 3 Jahre. Um die Ecke, in der Papestraat, kann man Kinder über 3 Jahren mit schönen Dingen ausstatten: Kindermöbel, aber auch Babykleidung und -ausstattung sowie

viele Spielsachen wie Prinzessinnenkoffer oder Holzpuppenwagen, Bilderbücher oder Strandtücher. Die zwei Läden liegen etwas versteckt im Hofkwartier, in der Nähe von Noordeinde.

Supermärkte

🔴**40** [D2] **Albert Heijn Scheveningen,** Keizerstraat 342, Scheveningen. Filiale der Supermarktkette in Scheveningen

🔴**41** [C9] **Albert Heijn Zentrum,** Grote Marktstraat 55a, Den Haag. Supermarktkette, die Mo. bis Sa. von 9 bis 20 Uhr und So. von 12 bis 18 Uhr geöffnet hat. Mehrere Filialen über die Stadt verteilt

DEN HAAG FÜR GENIESSER

Ob Strandbar oder Sternerestaurant, Pub oder Pizzeria, Szeneklub oder Kneipe – in Den Haag und Scheveningen findet jeder das Passende. Besonders viele Restaurants gibt es am Plein ❸*, rund um die Molenstraat [C8], im Hafen* ㉑ *und an der Strandpromenade (Boulevard) von Scheveningen.*

DIE HOLLÄNDISCHE KÜCHE

Gouda, Hering und **Fleischkroketten** sind die Klassiker der holländischen Küche. Hinzu kommen **Kartoffeln** in allen Varianten: als Pommes, Bratkartoffeln oder *stamppot,* einer Art Kartoffelpüree gemischt mit Endivien, Sauerkraut oder Grünkohl. Dazu essen die Holländer die obligatorische *rookworst* (geräucherte Wurst). Ebenfalls aus der niederländischen Küche nicht wegzudenken ist die *erwtensoep* („Erbsensuppe"), die im Winter an jeder Ecke zu bekommen ist. Nach dem Winteressen wartet im Frühling ganz Den Haag auf den *Hollandse Nieuwe,* den ersten jungen Matjes. Er wird mit viel Tamtam am **Vlaggetjesdag** (s. S. 97) in den Scheveninger Hafen eingefahren. Sowohl die Prominenz als auch das einfache Volk versammelt sich gemeinsam, um den „Neuen" zu empfangen und natürlich auch gleich zu probieren.

KULINARISCHER TAGESABLAUF

Am Morgen essen die Holländer das typisch weiche Brot mit Erdnussbutter oder *hagelslag* (Schokostreusel) und trinken dazu „gaaanz" viel Kaffee. Mittags gibt es dann den sogenannten **broodjes-Lunch**. Kein kulinarisches Highlight, sondern kaltes und einfaches Essen, meist in Form eines Brötchens mit Belag. In Holland lernt man erst, was man auf ein Brötchen alles drauflegen kann. Den obligatorischen Gouda natürlich, Kroketten, Ziegenkäse mit Honig und Pinienkernen, Eier- oder Thunfischsalat, Hering oder Aal, Hähnchen und Carpaccio. In manchen Restaurants und Bistros (z. B. im Kicking Horse Café im Buchladen Paagman, s. S. 42) kann man inzwischen von der „hohen Kunst des Brötchenbelegens" sprechen. Zum Brötchen trinkt ein Holländer am liebsten eine Buttermilch *(karnemelk).* Mit etwas Glück bekommt man mittags auch eine Suppe, im Winter ist das dann eine Erbsensuppe und im Sommer zum Beispiel eine Senfsuppe.

Am Nachmittag treffen sich die Holländer zu **Kaffee und Kuchen**, wobei der Kuchen fast immer aus dem unumgänglichen Apfelkuchen besteht. Wird man bei einer holländischen Familie zum Kaffee oder Tee eingeladen, so geht das böse Gerücht herum, es gebe dort immer nur einen einzigen Keks zum Kaffee. Der Rest der leckeren Kekse (bei einem kommt man ja erst auf den Geschmack!) würde fest verschlossen in der Keksdose bleiben und sofort wieder im Schrank verschwinden. Tatsächlich gibt es noch Familien, in denen das so gehandhabt wird.

Gegen fünf Uhr trifft man sich zum **borrel**, einen Umtrunk, zu dem *borrelhapjes* gereicht werden. Die meisten dieser Happen kommen direkt aus der Fritteuse und sind gefüllt mit

▶ *Zumindest am Vlaggetjesdag werden die Krabben noch direkt am Hafen von Scheveningen gepult (s. S. 97)*

ABC DER HOLLÄNDISCHEN SPEISEKARTE

aardappelen	Kartoffeln
appeltaart	Apfelkuchen
bitterballen	frittierte Fleisch-bällchen
bittergarnitur	Platte mit Kroketten, Wurst und Käse
broodje	Brötchen
broodje gezond	Brötchen mit Gurke und Tomate
erwtensoep	Erbsensuppe
frisdrank	Erfrischungsgetränk
frites oder *patat*	Pommes Frites
geitenkaas	Ziegenkäse
ijs	Eis
kaas (jong/oud)	Käse (jung/alt)
karnemelk	Buttermilch
kip	Hähnchen
koekje	Keks
koffie	Kaffee
kopstout	Bier mit Genever
kruidenboter	Kräuterbutter
loempias	kleine Frühlingsrollen
lunch	Mittagessen
mosterdsoep	Senfsuppe
ontbijt	Frühstück
paling	Aal
pannenkoek	Pfannkuchen
pijnboompitten	Pinienkerne
poffertjes	Mini-Pfannkuchen
saté	Fleischspieße mit Erdnusssoße
sinaasappelsap	Orangensaft
taart	Kuchen
tapbier	Fassbier
tonijn	Thunfisch
uitsmijter	der „Stramme Max" heißt in Holland „Rausschmeißer"
zalm	Lachs
zuivel	Milchprodukte

Käse, einer undefinierbaren Fleischmasse *(bitterballen)* oder Gemüse *(loempias).* Punkt 18 Uhr trifft sich die holländische Familie zum Abendessen und es wird dann etwas ruhiger auf den Straßen. Im Gegensatz zum Mittagessen wird nun warm gegessen. Nach dem Essen gibt es noch einen Kaffee oder Tee.

AUSGEWÄHLTE RESTAURANTS

Die ganze Welt ist in Den Haag zu Hause – zumindest in den Kochtöpfen. Hier gibt es Restaurants aus fast allen Ländern, von italienischen Pizzabäckern über spanische Tapas-Kneipen bis zu den asiatischen Restaurants, aber auch die Küchen der Karibik, Nepals, Surinams, Pakistans oder Eritreas sind hier zu finden (mehr Informationen unter www.iens. nl). Da Indonesien einmal niederländische Kolonie war, sind in Den Haag besonders viele indonesische Restaurants beheimatet, die die klassische Reistafel anbieten.

Haute Cousine

42 [E7] **Calla's** €€€, Laan van Roos en Doorn 51A, Den Haag, Zentrum, www. restaurantcallas.nl, Tel. 070 3455866, Di.–Sa. 12 bis 22 Uhr, Straßenbahn 9, Haltestelle Mauritskade. Marcel van Kleijn machte aus dem Calla's einen echten Gourmettempel. Er regiert in der Küche, während seine Frau Sharon für das Ambiente sorgt und das Calla's – benannt nach der gleichnamigen Blume – zu einem architektonischen Schmuckstück ausbauen ließ. Leider ist die Lage nicht ideal. Das Restaurant ist für alle, die nicht ortskundig sind, schwer zu finden. Tipp: Von der Ecke Mauritskade/Laan van Roos en Doorn, wo die Kneipe „Murphy's Law" zu sehen ist, sind es noch 50 m. Das Restaurant

▮ PREISKATEGORIEN

Preise für ein Hauptgericht ohne
Getränke.

€   Hauptgericht bis 20 €
€€   Hauptgericht 20–25 €
€€€   Hauptgericht ab 25 €

ist sehr teuer, dort wird aber dem Preis
angemessen exzellent gekocht (eben-
bürtig mit dem Saur).

🔴**43** [F2] **Kandinsky im Kurhaus** €€€, Gevers Deynootplein 30, Scheveningen,
direkt am Strand, Tel. 070 4162634,
www.restaurantkandinsky.nl, Di.–So.
12–22 Uhr, Sa. kein Lunch, Straßenbahn Linie 9, Haltestelle Kurhaus. Top-
restaurant mit Blick auf die Nordsee.
Im Sommer mit herrlicher Terrasse.
Chefkoch Koos van Noort zaubert hier
kulinarische Schmankerl vom Feinsten.

🔴**44** [D8] **Saur** €€€, Lange Voorhout 51,
Den Haag, Zentrum, Straßenbahn 9, Haltestelle Malieveld, Tel. 070 3617070,

www.saur.nl, Mo.–Sa. 12 bis 22 Uhr, Sa.
kein Lunch. Das Saur ist das jetzt wohl
wieder beste Restaurant der Stadt mit
einer langen und bewegten Geschichte.
Ein kulinarisches Institut, das nach ei-
nem aufwendigen Umbau, einer langen
Krise und der Übernahme durch Lucien
Bastiaan und seiner charmanten Frau
Bahija zum alten Glanz und zu neuer
kulinarischer Größe zurückgefunden hat.
Klassisch französische Küche mit asia-
tischem Touch. Am schönsten Platz Den
Haags, der Lange Voorhout, gelegen.
Hervorragendes Weinangebot, Weinkel-
ler, Weinbar und Terrasse im Sommer.
King Crab ist eine Spezialität.

Asiatische Küche:
Chinesisch, Japanisch, Thai

🔴**45** [D8] **Cascades** €, Korte Voorhout 3,
Den Haag, im Parterre des Stadtthea-
ters Koninklijke Schouwburg, Tel. 070
3644579, www.cascades.nl, täglich von
17.30–22 Uhr, Straßenbahn 9, Haltestelle Malieveld. Schon seit 1990 ist das
Cascades in Den Haag ein Begriff für japanische Küche. Freundliche Bedienung,

klassische japanische Gerichte, göttliche Sashimi beispielsweise, und ein sehr gutes Preis-Leistungs-Verhältnis sowie Atmosphäre. Vor und nach Theatervorstellungen kann es etwas voll sein.

46 [B9] **Cheung Wing** €, Gedampte Burgwal 43, Den Haag, Tel. 070 3644930, www.cheungwing.nl, täglich 12–24 Uhr. Chinesischer geht es nicht. Man fährt mit einer Rolltreppe in die erste Etage und kommt dann in einem Restaurant an, das sich auch in Peking befinden könnte. Es werden alle vier chinesischen Küchenstile geboten, aber die klassische Pekingente ist hier unübertroffen. Oder frischer Hummer und Fisch aus dem Aquarium? Ein Stück China in Den Haag

47 [C9] **Dim Daily** €, Rabbijn Maarsenplein 3, Den Haag, nach dem Rathaus und dem Spui, Tel. 070 3463498, Di.–So. 12–22 Uhr, Straßenbahn 9, 16, 17, Haltestelle Spui. Wie der Name schon sagt: Hier werden klassische chinesische Dim Sum serviert, es gibt aber auch japanische Häppchen, Sushi und Sashimi. Hervorragendes Preis-Qualitäts-Verhältnis

48 [C8] **Hang Ting** €€€, Prinsestr. 33, Den Haag, Zentrum, Tel. 070 3620828, www.hantingcuisine.nl, Di.–So. 12–22 Uhr, Straßenbahn 16 oder 17, Haltestelle Buitenhof. Eines der besten chinesischen Restaurants von Den Haag, „Fashion Cuisine" (Fusion zwischen europäischer und asiatischer Küche) in einer chinesisch-französischen Mischung. Exzellent, bezahlbar und vom Ehepaar Hang und Ting mit Liebe zubereitet und serviert. Einfach klasse

49 [C9] **Kee Lun Palace** €, Wagenstraat 95, Den Haag, Chinatown, Tel. 070 3649988, tägl. 12–1 Uhr. Ein weiterer typisch chinesischer Esstempel in der Den Haager Chinatown. Man kann hier durchgängig und köstlich speisen: kantonesisch, aber auch Pekinger Küche, Fisch und Dim Sum. Meist ist es sehr

voll. Echt chinesische Atmosphäre und Speisen zu bezahlbaren Preisen.

50 [E7] **Mochi** €€, Mallemolen 12, Den Haag, zwischen Frederikstraat und Javastraat, info@mochirestaurant.com, www.mochirestaurant.com, Tel. 070 3260612, Mo.–So. 18–24 Uhr, Straßenbahn 9, Haltestelle Javabrug. Gemütliches Restaurant mit breitgefächerter asiatischer Küche: japanisch, thai und chinesisch in den Mallemolen, einer der kulinarischen und schönsten kleinen Straßen Den Haags, die übrigens autofrei ist.

51 [D9] **Phonsawan** €, Fluwelen Burgwal 11C, Den Haag, nur einige Meter vom Rathaus entfernt, Tel. 070 39999865, info@phonsawan.nl, www.phonsawan.nl, Di.–Sa. ab 18 Uhr, Straßenbahn 9, Haltestelle Spui. Kleines Thai-Restaurant, das jedoch seine Gerichte mehr und mehr an den westlichen Geschmack anpasst.

52 [C2] **Phuket** €€€, Schokkersweg 15, Scheveningen, Tel. 070 3063888, www.phuket.nl, täglich 12–23 Uhr, Straßenbahn 17, Haltestelle Dr. Lelykade/Schokkersweg. Patron Ed, obwohl Chinese von Geburt, ließ eigens Thai-Köche einfliegen, um die authentische thailändische Küche in ihren vielen Variationen anbieten zu können. Schöne Terrasse mit Blick auf den Hafen von Scheveningen.

53 [C9] **Restaurant Long Ting** €, Wagenstraat 127, Den Haag, info@longting.nl, www.longting.nl, Tel. 070 3616010, täglich 12–24 Uhr. Das Restaurant Long Ting gehört zum Hotel Wahdo, dem ersten chinesischen Hotel in Den Haag (www.wahdohotel.com). Hier gibt es die vier Küchen Chinas – Peking, Shanghai, Kanton, Sichuan – und auch hervorragenden Fisch in echt chinesischer Atmosphäre. Zwischen 15 und 18 Uhr täglich „High Tea", aber dann auf chinesisch mit Dim Sum zum Tee – herrlich.

54 [C8] **Ruen Thai** €€, Nobelstraat 19, Den Haag, Tel. 070 3652255, www.ruenthai.nl, Di.–So. ab 18 Uhr. Für knapp 20 € kann man hier hervorragend essen. Die klassische Tom-Yam-Kung-Suppe fehlt natürlich nicht und wird in vielen Variationen serviert. Ebenso die Thai-Pasta Pad Thai. Klein, aber fein, Essen auch zum Mitnehmen. Gutes Preis-Leistungs-Verhältnis. Auch für den kleinen Geldbeutel geeignet

55 [E7] **Sushi Morikawa** €, Balistraat 3, Den Haag, via Javastraat, Tel. 070 3924180, www.sushimorikawa.com, Di.–Sa. 17.30–24 Uhr, Straßenbahn 9 (vom Bahnhof), Haltestelle Javabrücke. Chefkoch Yasunari Morikawa zaubert hier fantastische und authentische japanische Gerichte. Außer Sushi- und Sashimi-Varianten auch einen vorzüglichen lauwarmen geräucherten Aal. Morikawa hat als einziger in Den Haag die Lizenz, den bei falscher Zubereitung giftigen, aber besonders schmackhaften Funggu-Fisch zuzubereiten.

56 [C8] **Wox** €€€, Buitenhof 36, Den Haag, Zentrum, Tel. 070 3653754, www.wox.nl, Di.–Sa. 12–24 Uhr, Straßenbahn 16, Haltestelle Buitenhof. Das Wox ist das mit am Abstand beste Restaurant der Stadt für Liebhaber der asiatischen Kochkunst (vor allem Fisch und Schalentiere, aber auch ein paar Fleischgerichte). Thai, japanisch, indonesisch, nur wenig chinesisch – Fashion- und Fusion-Küche eben, aber dann auf asiatische Weise. Chefkoch und Patron Lucien Bastiaan und seine charmante, aus Marokko stammende Gattin Bahjia el Haidar servieren hier Thunfisch-Sashimi oder kanadische King Crabs, die es in dieser Raffinesse wohl nirgendwo sonst in den Niederlanden gibt. Auch der Thai-Salat vom Black-Angus-Rind ist ein Klassiker. Die beiden Gastronomen haben noch eine weitere große gastronomische Herausforderung angenommen. Sie übernahmen das renommierte Restaurant Saur (s. S. 31) an der Lange Voorhout.

▲ *Im wunderschönen Saal des Kurhaus Hotels (s. S. 94) kann man mit Stil sein Essen genießen*

Indonesisch

⋔57 [C7] **Bali Breeze** €€, Zeestraat 58, Den Haag, schräg gegenüber vom Museum Panorama Meesdag, Tel. 070 3600650, www.balibreeze.nl, Mi.–So. 17–22 Uhr. Kleines, aber sehr feines indonesisches Restaurant mit balinesischer Küche, gemütliche Atmosphäre und sehr gastfreundliches Personal – ein Hauch von Bali in Den Haag mit exzellenter authentischer Küche zu bezahlbaren Preisen

⋔58 [C8] **Garoeda** €€, Kneuterdijk 18A, Den Haag, www.garoeda.nl, Tel. 070 3455319, Mo.–Sa. 11–23 Uhr, So. 16–23 Uhr, Straßenbahn 16, Haltestelle Buitenhof. Eine Haager Institution, am 15.12.1949 gegründet, hervorragende meist javanesische Küche in bester Lage gegenüber dem Raad van State und nur einen Katzensprung vom Königlichen Palast Noordeinde entfernt. Absolut einen Besuch wert

⋔59 [ ] **Palembang** €€, Thomsonlaan 17, Den Haag, Straßenbahn 3 und Bus 21, Tel. 070 3653881, Di.–So. 17–22 Uhr, Haltestelle Valkenbosplein. Man betritt das kleine gemütliche Restaurant im Valkenboskwartier und fühlt sich sofort wie in Indonesien: An den Wänden hängen goldene Sonnenschirme und Degen, ein Aquarium steht in der Mitte des Restaurants – und im Nu kennt man die ganze Familie. Herr Romswinckel und seine Töchter bedienen (sehr aufmerksam und freundlich) und seine Frau ist in der Küche für die Köstlichkeiten verantwortlich, die sich nun vor einem aufbauen: gegrillte Spieße mit Hühnerfleisch in Sojasoße, Kokossuppe (aus echter Kokosnuss), gebackene Sojabohnen und Bananen, Gemüse in Satésauce. Das Ganze nennt sich Reistafel und ist ein kulinarisches Highlight. Wer indonesisches Essen liebt oder es mal ausprobieren möchte, ist hier genau richtig. Die Verkehrsanbindung ist sehr gut, man kann an der Straße kostenlos parken und Taxis stehen ebenfalls bereit.

⋔60 [C6] **Tampat Senang** €€, Laan van Meerdervoort 6, Den Haag, Tel. 070 3636787, info@tampatsenang.nl, täglich 18–21.30 Uhr, Straßenbahn 17, Haltestelle Laan van Meerdervoort/ Javastraat. Eines der ältesten indonesischen Restaurants in Den Haag. Die Eröffnung war am 1. Januar 1922. Tampat Senang bedeutet frei übersetzt „der Ort, an dem man sich wohl fühlt", und das kann man in diesem Restaurant wirklich. Die Kellner tragen klassische indonesische Kleidung, die Einrichtung ist so authentisch wie das Essen. Hier kann man bei einer der besten indonesischen Reistafeln Den Haags schlemmen und von Java oder Bali träumen.

⋔61 [E7] **The Raffles** €€€, Javastraat 63, Den Haag, Tel. 070 3458587, info@restaurantraffles.com, www. restaurantraffles.com, Di.–Sa. 18 bis 24 Uhr, Straßenbahn 9, Haltestelle Javabrug/Javabrücke. Das von Patron Frank Deuning geleitete Restaurant Raffles ist eine Institution in Den Haag. Hier wird nicht nur die vielseitige Küche des riesigen Archipels Indonesien angeboten, sondern diese noch mit malaysischen und thailändischem Touch verfeinert. Das mit Abstand beste Den Haager Restaurant für Liebhaber der indonesischen Küche. Noch feiner als das Tampat Senang.

Fischrestaurants

⊖62 [E1] **Seinpost** €€€, Zeekant 60, Scheveningen, Tel. 070 3555250, www.seinpost.nl, Di.–So. 12–22 Uhr, Sa. kein Lunch, Straßenbahn 1 und 9, Haltestelle Kurhaus, dann fünf Minuten zu Fuß Richtung „Zuiderstrand" und Museum Beelden aan Zee, Bus 21 und 22. Das Seinpost ist das wohl beste Fischrestaurant von Den Haag und Scheveningen und kann einen Michelin-Stern vorweisen. Patron Edwin van de Goor lässt inzwischen sogar wieder angeln, damit die Fische so frisch wie möglich auf den Teller kommen, entsprechend sind auch die Preise, aber die Qualität ist exzellent. Tolle Aussicht auf die Nordsee. Minister und Banker machen hier bei Seezunge und Sauvignon ihre Geschäfte. Neuerdings gibt es kleine Probiergänge auch schon ab 12 oder 15 €, exzellente Weinauswahl.

↪**63** [D8] **Viszooi** €€, Nieuwe Schoolstraat 9, Den Haag, von der Lange Voorhout hinter dem Hotel Des Indes zu Fuß über die Kazernestraat. Beim italienischen Restaurant Impero Romano, in der Mitte der Straße, rechts abbiegen, Tel. 070 3460411, www.viszooi.nl, Di.– So. 17.30– 22 Uhr. Das Viszooi ist zwar nicht ganz leicht zu finden, aber der Weg lohnt sich, und das nicht nur wegen der hervorragenden Fischgerichte, die hier serviert werden, sondern im Sommer auch wegen des schönen schattigen Gartens.

Italienisch

64 [E7] **Da Sebastiano** €, Javastraat 138a, Den Haag, Tel. 070 3455291, www.dasebastiano.nl, täglich 17–23 Uhr, Straßenbahn 9, Haltestelle Java- brücke. Sebastiano Stifanelli empfängt seine Gäste in seiner Trattoria mit italie- nischer Herzlichkeit. Er läuft persönlich mit einer Schiefertafel durchs Restaurant und präsentiert den Gästen das Menü, das er mit frischen Produkten aus biolo- gischem Anbau zusammengestellt hat. Pasta vom Feinsten, von der Tagliatelle bis zur Lasagne, und Ossobuco. Zum Restaurant gehört ein wunderschöner kleiner Garten, in dem man im Sommer essen kann. Den Hauswein aus der Tos- kana, den Sebastiano selbst importiert, gibt es schon für 15,25 € pro Flasche. Für Den Haag eine Preis-Sensation.

65 [D8] **Impero Romano** €€, Kazerne- straat 146, Den Haag, hinter dem Hotel Des Indes, am besten zu Fuß von der Lange Voorhout erreichbar, Tel. 070 3632425, www.imperoromano.nl, täg- lich 12–24 Uhr, Straßenbahn 16, 17, Haltestelle Korte Voorhout, Bus 4, 5, 22, Haltestelle Kneuterdijk. Musik (ein itali- enischer Gitarrist, der italienische Lieder singt) gibt es im Impero Romano jeden Abend, aber außerdem auch noch gute italienische Küche: z. B. tolle Pasta mit Trüffeln und hervorragende Weine. Fabio und Umberto, die beiden Eigentümer, verbreiten immer gute Laune. Das Essen hier ist immer ein Erlebnis – nicht nur ein kulinarisches. Am Anfang der Kazerne- straat (Nr. 2) hat das Impero Romano noch eine kleine gleichnamige Depen- dance in Form einer Trattoria. Dort sind die Preise etwas niedriger und die Räum- lichkeit ist kleiner.

66 [C2] **Pasta Company** €, Dr. Lelykade 24A, Scheveningen, Tel. 070 3062444, www.pastacompany.nl, täglich ab 11 Uhr, Januar bis einschl. März Mo. ge- schlossen, Straßenbahn 11 und Bus 23, Haltestelle Duinstraat. Das famili- enfreundliche, immer gut besuchte Re- staurant liegt direkt am Hafen. Von der sonnigen Terrasse kann man bei einem Glas Wein den traumhaften Blick auf Fischkutter und Segelboote genießen. Die Karte bietet italienische Gerichte von Bruschetta über Nudeln bis zur Piz- za, aber auch Carpaccio, Lammkotelett und fangfrischen Fisch. Für Den Haager Verhältnisse sind die Preise moderat. Die Bedienung ist freundlich und für Kinder gibt es Malsachen.

67 [C8] **Vapiano** €, Buitenhof 45–51, Den Haag, Straßenbahn 16, 17, Haltestel- le Buitenhof, Tel. 070 3650687, www. vapiano.eu, So.–Do. 10–24 Uhr, Fr., Sa. 10–1 Uhr. Die erste niederländische Nie- derlassung der deutschen Vapiano-Kette mit ihrer italienischen Küche ist fast immer brechend voll, denn das Essen ist gut und bezahlbar und das Restaurant in bester Lage.

Französisch

⏻68 [B5] **Brasserie Berlage** €€, President Kennedylaan 1, Scheveningen, Tel. 070 3387622, www.brasserieberlage.nl, Di.–So. 11–23 Uhr, Straßenbahn 17, Haltestelle Gemeentemuseum, Bus 24, Haltestelle Cornelis de Wittlaan. Schönes, kleines Restaurant in einem Art-déco-Pavillon im „Garten" des Gemeentemuseum. Sehr gute französische Küche. Herrliche Terrasse im Grünen mit Blick auf das Museum. Zugang durch das nebenliegende Museon, das Omniversum oder den Durchgang neben dem GEM.

⏻69 [D8] **Café Schlemmer** €, Lange Houtstraat 17, Den Haag, Tel. 070 3609000, www.ropeni.nl/schlemmer, So.–Do. 11–1 Uhr, Fr.–Sa. 11–1.30 Uhr, Lunch 12–14 Uhr, Dinner 17.30–21.30 Uhr. Das Schlemmer ist eine Den Haager Institution. Es ist eigentlich Café, Weinstube, Kneipe, Biergarten, Pub, Bistro und Restaurant in einem. Einzigartige Retroatmosphäre und im Sommer mit tollem Garten. Interessantes Publikum.

▲ *Nach einem Museumsbesuch gehts zum Kaffee ins Berlage*

Bill Clinton trank hier einen Espresso als er als US-Präsident auf Staatsbesuch in den Niederlanden war. Die Tasse, aus der Clinton trank, wird als eine Art „Polit-Reliquie" im obersten Schrankfach hinter der Theke aufbewahrt.

⏻70 [D8] **Choix du Chef** €€€, Hooikade 4, Den Haag, Tel. 070 3630658, www.choixduchef.nl, Di.–Fr. 12–14 Uhr, Di.–Sa. 18–22 Uhr, Straßenbahn 9, Haltestelle Dr. Kuyperstraat. Das Restaurant liegt an einer schönen Gracht, direkt hinter dem Denneweg. Die Einrichtung ist im Bistrostil, die Farben schwarz und weiß dominieren und man sitzt eng zusammen – mit Blick auf die kleine, offene Küche. Dort zaubert Chefkoch Stephan aus ungewöhnlichen Gemüsesorten und Fischarten gelungene Kombinationen wie Heilbutt auf Schwarzwurzeln mit Portobello-Püree. Die Küche ist mediterran/französisch mit niederländischem Einschlag.

⏻71 [C8] **De Bok** €, Papestraat 36, Den Haag, www.cafedebok.nl, Tel. 070 3642162, Di.–Fr. 17.30–22 Uhr, Sa.–So. 13–22 Uhr. Gemütliches Bistro an einem wunderschönen Platz in Den Haag. Hier gibt es Sonntagsbrunch und sogar Fish and Chips. Ideal für Frühstück, leichten Lunch, kleines Dinner am Abend oder einfach nur einen Kaffee oder Wein – im Sommer draußen unter dem riesigen Kastanienbaum.

🄵72 [D7] **Dekxels** €€, Denneweg 130, Den Haag, Tel. 070 3659788, www.dekxels. nl, So.–Do. 17.30–22 Uhr, Fr.–Sa. bis 23 Uhr, Straßenbahn 9, Haltestelle Mauritskade, dann Mauritskade bis Ecke Denneweg laufen. Trendy Restaurant mit meist mediterraner Küche am schicken Denneweg. Es sind aber auch asiatische Gerichte zu bekommen. Gutes Preis-Leistungs-Verhältnis

🄵73 [C2] **Lemongras** €€, Dr. Lelykade 24, Scheveningen, Hafen, Tel. 070 3520295, info@lemongras.nl, www. lemongrass.nl, täglich 12–22.30 Uhr. Restaurant und Weinbar mit toller Aussicht auf den Scheveninger Hafen, bezahlbaren und guten Gerichten und einer exzellenten Weinkarte, die es in sich hat. Das Lemongrass hat auch noch eine Dependance (Kapitein de Rijkstraat 36, Tel. 3060186), in der auf Absprache Weinproben stattfinden.

🄵74 [B2] **Waterproef** €€€, Dr. Lelykade 25–27, Scheveningen, Hafen, Tel. 070 3588770, www.restaurantwaterproef.nl, Lunch Di., Do., Fr. 12–14.30 Uhr, Dinner Do.–Di. 18–22 Uhr, Straßenbahn 17 und 10, Haltestelle Van Boetzelaerlaan, Straßenbahn 11, Haltestelle Statenlaan. Eines der besten Restaurants im Hafen von Scheveningen. Super Krabbensalat mit Avocadocreme, gebackene Jakobsmuscheln auf getrockneten Tomaten, Hummer und ein Tartar vom Weiderind. Die Weinkarte enthält viele Schätze bis zu den ganz teuren Bordeaux. Tolles Ambiente, gutes Essen, direkt am Bootsanlegesteg der Segler. Vorzüglich, aber teuer

🄵75 [C7] **Wicked Wines** €, Anna Paulownaplein 36, Den Haag, Tel. 070 3458660, www.wickedwines.nl, täglich 12–22 Uhr. Liegt gegenüber vom Room und verfügt im Sommer über eine wunderschöne Terrasse. Gute Atmosphäre, hippes Publikum, Gerichte vom knackigen Cesar Salad bis zur Ente oder einem Steak, freundliches Personal, gutes Preis-Leistungs-Verhältnis

Restaurants mit Meerblick

Scheveningen bietet sich geradezu an, um beim Essen einen Blick auf das Meer zu werfen: Wer keinen Sand in den Schuhen mag und dennoch nicht auf einen Meerblick verzichten möchte, dem seien diese Restaurants empfohlen:

❯ **Kandinsky** (s. S. 31): Gutes und hochpreisiges Restaurant im Kurhaus mit einem fanastischen Blick über das Meer

❯ **Pier Scheveningen** (s. S. 41): Restaurant auf dem Pier mit holländischer Küche, kein Gourmetrestaurant, aber mit toller Lage mitten im Meer!

❯ **Seinpost** (s. S. 34): Viel gelobtes und daher auch sehr teures Sterne-Restaurant am Strandweg, mediterran eingerichtet

Für den späten Hunger

Abends unterwegs und noch Hunger? Kein Problem, denn in den meisten Restaurants schließt die Küche erst gegen 22 Uhr. Noch länger geöffnet haben die Küchen in folgenden Restaurants:

🄵86 [C8] **Goude Hooft** €, Dagelijkse Groenmarkt 13, Den Haag, Tel. 070 3469713, www.tgoudehooft.nl, Straßenbahn 16 und 17, Haltestelle Buitenhof. Niederländische Küche, bis 24 Uhr geöffnet

🄵87 [C8] **Los Argentinos** €, Kettingstraat 14, Den Haag, Tel. 070 3468523, Straßenbahn 17, Haltestelle Gravenstraat. Argentinische Küche, täglich 12–24 Uhr

RESTAURANT-KNIGGE

❭ **Bezahlung:** *Wer nach dem Essen bezahlen möchte, der bestellt mit einem „De rekening alstublieft" die Rechnung. Diese kommt dann auch, enthält aber immer die Abrechnung für den ganzen Tisch. Dementsprechend erwartet die Bedienung auch, dass sie entweder die komplette Summe oder eine Kreditkarte in die Hand gedrückt bekommt. Auf ein umständliches Abrechnen jedes einzelnen Gastes wird sie sich gar nicht oder nur sehr ungern einlassen. Wichtig: Die deutsche Maestro-(EC)-Karte wird nicht von allen Kartenlesegeräten akzeptiert.*

❭ **Getränke:** *Eine Apfelsaft- oder Weinschorle ist in Holland vollkommen unbekannt. Man sollte daher einen Apfelsaft bestellen und dazu ein „Spa rood", das im Gegensatz zum „Spa blauw" Kohlensäure enthält. In Holland hat sich der Name der belgischen Wassermarke Spa für Mineralwasser im Allgemeinen etabliert.*

❭ **Rauchen:** *In den Niederlanden ist das Rauchen in Kneipen und Restaurants verboten. Die Wirte haben sich darauf eingestellt und machen es ihren Gästen unter Wärmestrahlern im Freien gemütlich. Doch - wie auch in Deutschland - bestätigen Ausnahmen die Regel und zu später Stunde wird oftmals doch wieder der Aschenbecher auf den Tisch gestellt.*

❭ **Reservieren:** *Wer am Wochenende ein Restaurant besuchen möchte, sollte unbedingt vorher einen Tisch reservieren. Bei manchen Restaurants, vor allem bei den kleineren, ist das sogar unter der Woche empfehlenswert. Daher sind bei den Restaurantempfehlungen in diesem Buch auch immer die Telefonnummern mit angegeben. Und keine*

Scheu: Alle Holländer sprechen sehr gut Englisch und meistens auch ein bisschen Deutsch.

❭ **Service:** *Besonders an warmen Sommertagen, wenn die Strandbars und Terrassen gut gefüllt sind, kann das Warten auf einen Kaffee oder ein Sandwich durchaus lange dauern. Aus irgendwelchen Gründen schaffen es die meisten Restaurantbesitzer nicht, genügend Personal aufzutreiben. Und kommt doch zufällig ein Ober am Tisch vorbei, wird man nicht gerade mit Aufmerksamkeit überschüttet. Die Holländer nehmen diese Tatsache gelassen und haben sich damit arrangiert.*

❭ **Toilette:** *Die Toiletten in holländischen Gaststätten sind meist sehr klein und oftmals nur über steile Treppen zu erreichen. Manchmal gibt es auch nur eine einzige Toilette für Damen und Herren. In manchen Restaurants (z. B. Simonis am Hafen) wird eine Gebühr für die Toilettennutzung verlangt.*

❭ **Trinkgeld:** *Eigentlich ist das Trinkgeld im Rechnungspreis inbegriffen, und zwar mit 15 Prozent. Dennoch wird ein weiterer Obolus von 5 bis 10 Prozent erwartet.*

❭ **Wasser:** *In Holland ist es durchaus üblich, zu einem Getränk, sagen wir mal Kaffee oder Wein, ein „kranwater" zu bestellen. Das Leitungswasser schmeckt ganz gut und ist umsonst. Allerdings variiert dieser Service von Lokal zu Lokal: In den besseren Restaurants fragt man lieber nicht danach, in Restaurants wie der Pasta Company (s. S. 35) bekommt man dagegen eine ganze Flasche auf den Tisch gestellt.*

EXTRATIPP

Simonis am Hafen

Und jetzt ein „kibbeling"! Es ist Sonntagmittag, die Sonne scheint und der Hunger ist groß. Viele Den Haager liebäugeln nun mit einem Besuch bei Simonis, einem der größten und besten Fischhändler in Den Haag. Simonis am Hafen – das ist eine Institution, das bestätigt auch die lange Schlange von hungrigen Fischfans, die am Bestelltresen anstehen. Drinnen liegen dann die Köstlichkeiten der Meere: Schollen, Austern, Langusten, Makrelen und natürlich auch Hering. Die Menükarte befindet sich auf einem Display, zum Teil mit Bezeichnung und Foto, sodass die Zuordnung leichtfällt. Hat man sich entschieden, ob man „kibbeling" (kleine frittierte Fischstücke), „leckerbeck" (frittierter Kabeljau) oder „haring met uitjes" (Hering mit Zwiebeln) möchte, nimmt man an einem der vielen Tische unter Fischernetzen und Muscheln Platz. Dass es hier handfest zugeht, weiß man spätestens, wenn die Bedienung „driehonderdtien" ins Mikrofon ruft. Das heißt 310, ist die Zahl auf dem Kassenbon und damit das bestellte Gericht. Aber keine Angst, man muss kein Niederländisch verstehen: Die Zahl wird sowohl auf einem Display gezeigt als auch auf Englisch wiederholt. Wen die turbulente Atmosphäre nicht abschreckt, der kann hier frischen und guten Fisch genießen und zusehen, wie ein echter Holländer seinen Hering genießt: Den Hering am Schwanz packen, einmal von jeder Seite durch „uitjes" (Zwiebeln) ziehen, Kopf zurück, Hering hoch und herzhaft zubeißen. Dass nun die Zwiebeln über das ganze Gesicht fallen, macht einem echten Holländer nichts aus. „Eet smakelijk", guten Appetit und bis bald bei Simonis.

⊖**80** [B2] **Simonis** €, Visafslag 20, Scheveningen, info@simonisvis.nl, www.simonisvis.nl, 1.4.–14.10. tägl. 9–21 Uhr, 15.10.–31.3. So.–Do. 9–19.30, Fr., Sa. 9–21 Uhr, Straßenbahn 11, Haltestelle Vuurbaakstraat

Restaurants am Strand

Die *strandtenten*, die Bars und Restaurants am Strand, werden nur im Sommer aufgebaut. Im März geht das Hämmern, Bauen und Einrichten los und um Ostern herum öffnen die ersten Strandbars. Dann weiß ganz Den Haag: Der Sommer kommt!

Restaurants am Nordstrand (am Strandweg):

> **Doen:** Edles Restaurant ganz in Weiß, hauptsächlich asiatische Küche
> **Sol Beach:** Mexikanisches Flair, Tapas und asiatisches Finger-Food, Fleisch und Fisch kann man auf einem Tischgrill selber brutzeln.
> **Wij:** Sehen und gesehen werden, in der Sonne braten und dabei bedient werden, essen und chillen in schwarzen Lounge-Möbeln

Restaurants am Südstrand:

> **De Kwartel:** Strandrestaurant mit gutem Wein- und Speisenangebot (auch bio, einheimische und südländische Gerichte), Parken an der Kwartellaan und dann zu Fuß durch die Dünen
> **La Cantina:** Das einzige Restaurant am Südstrand, das mit dem Auto erreichbar ist (Parken gratis!), lockere, südländische Atmosphäre
> **Zuid:** Hippie-Feeling am Strand in einer himmelblauen Holzhütte, sehr relaxt, am Wochenende wird gegrillt. Ca. 10 Minuten zu Fuß durch die Dünen oder am Strand entlang, Parken am Houtrustweg

▶ *Nicht nur an sonnigen Tagen einen Spaziergang wert: das Strandrestaurant De Kwartel am Südstrand*

Indisch

🍴76 [G2] **Bombay Palace** €, Gevers Deynootstraat 16, Scheveningen, Tel. 070 3544382, www.bombay-palace.nl, täglich 17–24 Uhr, Straßenbahn 1 und Bus 21, Haltestelle Kurhaus. Lamb Tikka Masala, Chicken Jalfazi, Prawn Vindaloo – so heißen die Köstlichkeiten, die man direkt im Restaurant essen oder mit nach Hause nehmen kann. Die vielen indischen Gäste, die hier regelmäßig essen, sprechen für die Qualität der Küche. Zwar ist die Einrichtung etwas in die Jahre gekommen, aber die Lage in Strandnähe ist ideal. Jeden Mittwoch-, Donnerstag und Freitagabend gibt es ein So-viel-wie-man-essen-kann-Buffet für 18 €.

Griechisch

🍴77 [C8] **Knossos** €, Kerkplein 1, Den Haag, www.knossosdenhaag.nl, Tel. 070 3654831, Lunch Di.–So. 11–16 Uhr, Dinner Di.–So. 16–22 Uhr. Das beste griechische Restaurant in Den Haag, dank der gastfreundlichen Gastgeberin. Liegt direkt neben dem Oude Stadhuis (Alten Rathaus) im Herzen der Stadt. Im Sommer mit angenehmer Terrasse. Von Gyros bis Tsatziki oder gegrilltem Tintenfisch – alles frisch und köstlich. Gutes Preis-Leistungs-Verhältnis

Einheimische Küche

Den Haag liegt am Meer, daher gibt es hier viele gute Restaurants, die fangfrischen Fisch anbieten. Zu den Spezialitäten gehören Hering, Seezunge, Hummer, Krabben, Muscheln und Austern. Zum Fisch bekommt man meist Pommes und Salat gereicht.

🍴78 [C2] **Brouwcafé** €, Dr. Lelykade 28, Scheveningen, Hafen, Tel. 070 3540970, www.hetbrouwcafe.nl, So.–Mi. 11–23 Uhr, Do. bis 0.30 Uhr, Fr., Sa. bis 1 Uhr, Straßenbahn 11, Haltestelle

Duinkade. Wer einen Platz an der Sonne erwischt hat, hat Glück und kann den Blick auf den Hafen, selbst gebrautes Bier und köstliches Essen genießen. Auf der Karte stehen viele Fischgerichte, aber auch vegetarische Speisen sowie die in Holland üblichen Satéspieße. Zum Nachtisch gibt es selbst gemachtes Eis. Da das Brouwcafé immer gut besucht ist, sollte man reservieren oder sich rechtzeitig einen Tisch sichern. Auf den *daghap*, das Tagesgericht, achten, denn das ist meist gut und günstig.

79 [E1] **Pier Scheveningen** €, Strandweg Scheveningen, Tel. 070 3065500, www. pier.nl, täglich von 10–22 Uhr, Küche ab 12 Uhr. Das Restaurant liegt direkt auf dem Pier von Scheveningen – also über dem Meer. Man hat hier eine fantastische Aussicht auf die Nordsee, die Strandpromenade, das Kurhaus und den Strand von Scheveningen. Zu essen gibt es neben dem wechselnden Monatsmenü holländische Gerichte wie Fleischkroketten, Fisch und Steak vom holländischen Rind.

Lecker vegetarisch

Es muss nicht immer Fleisch sein – hier eine Auswahl vegetarischer Restaurants:

81 [D7] **De wankelnde Tafel** €, Mauritskade 79, Den Haag, Tel. 070 3643267, Di.–Sa. 16.30–21.30 Uhr, Straßenbahn 1 und 10, Haltestelle Mauritskade. Kleines, gemütliches Restaurant mit offener Küche, exotische Reisgerichte, Vollkornprodukte und indisches Curry

82 [C9] **Eethuis de Zon** €, Dunne Bierkade 13, Den Haag, Tel. 070 3602559, Mo.–Sa. 17–21 Uhr, Straßenbahn 1, 9, 10, 15 und 16, Haltestelle Bierkade. An einer schönen Gracht liegt dieses Restaurant, in dem größtenteils mit Gemüse aus ökologischem Anbau gekocht wird.

83 [A7] **Hagedis** €, Waldeck Pyrmontkade 116, Den Haag, Tel. 070 3640456, Do.–So. ab 17 Uhr, Straßenbahn 3, Haltestelle Elandstraat. In einem ehemaligen Schulgebäude bietet das Hagedis Pasta, Pizza, Salate und Käsefondue zu einem akzeptablen Preis.

CAFÉS UND COFFEESTORES

88 [C8] **Bagels & Beans,** Plaats 21–23, Den Haag, www.bagelsbeans.nl, Mo. 12–17 Uhr, Di.–Fr. 9.30–17.30, Sa., So. 10–17.30 Uhr. Insgesamt gibt es den Bagel-Bäcker ganze drei Mal in Den Haag: In der Passage im Zentrum (im Buchhandel Selexyz), in der Aert van der Goesstraat 2 im Statenkwartier und am Plaats. Im Angebot: Bagels mit allem Möglichen drauf und drum herum sowie sehr guter Kaffee, Fruchtsäfte und WLAN

Dinner for one

Wer alleine in Den Haag unterwegs ist, wird sich in diesen Cafés wohl fühlen:

84 [C6] **De Grens** €, Anna Paulownastraat 70C, Den Haag, Tel. 2111813, www.eetcafedegrens.nl, So., Mo. 11–18 Uhr, Di.–Fr. 9–24 Uhr, Sa. 11–24 Uhr, Bus 20 und 24, Haltestelle Alexanderplein. De Grens liegt an der früheren Stadtgrenze. Hier hörte Den Haag auf und Scheveningen begann. De Grens ist ein typisches *eetcafé*: Hier kann man frühstücken, lunchen und zu Abend essen – und wenn man nicht isst, kann man umsonst auf dem eigenen Laptop im Internet surfen.

85 [B4] **Kicking Horse Café** (im Buchladen Paagman) €, Frederik Hendriklaan 217, Den Haag, www.paagman.nl, Mo.–Fr. 9–21 Uhr, Sa. 9–18 Uhr, So. 12–17 Uhr, Bus 24, Haltestelle Willem de Zwijgerlaan. Sehr gut und beliebt ist das Café im hinteren Teil des großen Buchladens Paagman, das neben einigen warmen Gerichten hervorragende Sandwiches und Salate, köstliche Kuchen und frische Obstsäfte anbietet. Dabei kann man in Ruhe seine Zeitung lesen, während die Kinder auf dem großen Holzpferd herumturnen oder holländische Bilderbücher studieren. WLAN-Hotspot

89 [C8] **Coffee Company,** Noordeinde 54, Den Haag, www.coffeecompany.nl, Mo. 12–18 Uhr, Di.–Do. 9.30–18 Uhr, Fr. 9.30–21 Uhr. Wie der Name schon sagt, bekommt man in der Coffee Company hauptsächlich guten Kaffee, begleitet von Sandwiches und Muffins. Die Lage ist zentral, direkt beim Palast Noordeinde, und man kann sehr gut auch im Freien sitzen. Praktisch: Pro Kaffee darf man hier eine Stunde mit seinem Laptop umsonst im Internet surfen.

90 [G1] **De Serre,** Gevers Deynootplein 30, Scheveningen, im Kurhaus, tägl. 10–22 Uhr, Straßenbahn 1 und Bus 21, 22, Haltestelle Kurhaus. Der Kuchen ist zwar nicht gerade günstig, dafür aber sehr lecker und die Aussicht auf Strand und Meer ist nicht zu toppen. Außerdem bietet ein Besuch im Kurhauscafé die Möglichkeit, das Flair dieses traditionsreichen Gebäudes zu schnuppern.

91 [C8] **Dudok,** Hofweg 1A, Den Haag, So.–Mi. 10–23 Uhr, Do. 10–24 Uhr, Fr., Sa. 10–1 Uhr, www.dudok.nl, Straßenbahn 1 und 16, Haltestelle Centrum, Straßenbahn 17 und Bus 22, 24, Haltestelle Gravenstraat. Hier soll es den besten Kuchen ganz Hollands geben! Aber auch Frühstück, Snacks, Hauptgerichte und Salate werden in dem großen trendy Loft angeboten. Schön ist auch der Garten und hilfreich die angrenzende Touristeninformation, bei der man sich mit Infomaterial eindecken kann.

92 [C7] **La Mano Maestra,** Noordeinde 138B, Den Haag, Tel. 070 3633120, 10.30–18 Uhr. Das klassische Kaffeehaus von Den Haag. Beste Kaffeesorten aus Thailand und Brasilien sowie toller Apfelkuchen mit oder ohne Sahne, „High Tea", tolle Sandwiches, preisgünstig, gemütlich, angenehme Atmosphäre, interessantes Publikum

93 [B8] **Koffie- en Ijssalon Florencia,** Torenstraat 55, Den Haag, Tel. 070 3630214, www.florenciaijs.nl, Mo.–Fr.

CAFÉS, KOFFIEHUIS UND COFFEESHOPS

*Was ist der Unterschied zwischen einem „café", einem „koffiehuis" und einem „coffeeshop"? Das niederländische Wort **„koffiehuis"** bezeichnet ein Kaffeehaus, das meist nur tagsüber geöffnet ist und Kaffee ausschenkt. Es entspricht dem deutschen Café oder Kaffeehaus. Ein **„café"** in Holland hat dagegen mit unserem Café wenig zu tun. Es kann eine Kneipe, ein Bistro oder ein einfaches Restaurant sein. Sehr beliebt sind die „bruine cafés", eine Mischung aus Kneipe und Restaurant. **„Bruine cafés"** sind gemütlich und mit viel dunklem Holz eingerichtet, das Licht ist schummrig, die Holztische blank gebürstet und an der großen Theke schmeckt das Heineken oder Amstel besonders gut. Dazu isst man die sogenannte „borrelhapjes": Kroketten, Käseblöcke, Wursthappen, Käsetaschen, Mini-Frühlingsrollen und „bitterballen" (runde, fritierte Klöße aus einer undefinierbaren Masse aus Fleisch und Kartoffeln - sollte man aber probiert haben). Oft bieten die Cafés neben der üblichen Speisekarte mit Salaten, Satéspießen und Steaks auch einen sogenannten*

„daghap" an, also ein Tagesgericht zu einem günstigeren Preis (werden meist auf Tafeln ausgeschrieben).

*In einem **„coffeeshop"** dagegen gibt es nichts zu essen und auch keinen Alkohol, dafür Hasch und Marihuana. Das „gedoogbeleid", eine Art Politik der Duldung, erlaubt den Besitzern von „coffeeshops" seit 1976 weiche Drogen zu verkaufen. Ein paar Regeln müssen dabei eingehalten werden: keine Drogen an unter 18-Jährige, keine öffentliche Werbung und keine Abgabe von mehr als 5 g pro Person. Im „coffeeshop" wählt man auf einer Art Speisekarte die Sorte, die man möchte, und kann sich den Joint direkt bauen lassen. In ganz Holland gibt es um die 700 „coffeeshops", umgefähr 50 in Den Haag (u. a. in der Molenstraat). Nun sollte man aber nicht denken, dass „coffeeshops" komplett legal sind. Anbau, Einkauf, Lagerung und Transport der Drogen sind nämlich nicht erlaubt. Da fragt man sich: Wie kommen die Drogen zum „coffeeshop" und wo werden sie gelagert? Und vor allem: Wer hat sie eingekauft? Knifflige Fragen, die im Raum stehen bleiben.*

7.30–23.30 Uhr, Sa.–So. 8–23.30 Uhr. Seit 1932 *die* Adresse der Stadt zum Eisessen oder Kaffeetrinken. Die Clochards der Stadt bekommen hier kostenlos eine Tasse Kaffee. Wer kein Eis mag, kann ein Käsebrötchen schon für einen Euro haben. Im Sommer mit schöner Terrasse, guter Espresso

○ **94** [D9] **Wiener Konditorei,** Korte Poten 24, Den Haag, vom Hauptbahnhof Richtung Innenstadt/Parlament zu Fuß schnell zu erreichen, Tel. 070 3600549,

www.wienerkonditorei.nl, 9–18 Uhr. Ein Stück Wien in Den Haag, natürlich mit Sachertorte und Apfelstrudel sowie den berühmten Wiener Kaffeevarianten: dem großen Braunen und dem Einspänner mit oder ohne Schlagobers. Seit 1934 gibt es dieses von „Opa Prager" gegründete Kaffeehaus in Den Haag. Hier ist der Stil der 1930er-Jahre konserviert und Pragers Enkel Roland Toorenburg modernisiert nur wenig und zögerlich. „Früher gibt es bei uns auch heute noch", lautet

Was ist am „Koffie verkeerd" verkehrt?

Wer in Holland in eine Speisekarte schaut, dem fällt der seltsame Begriff *koffie verkeerd* ins Auge. Schnell ist übersetzt, das es sich um einen verkehrten Kaffee handeln muss. Doch was kann an einem Kaffee verkehrt sein? Es ist so: Der normale Kaffee ist ein schwarzer Kaffee, in dem etwas Milch „herumschwimmt". Bei einem *koffie verkeerd* ist es genau andersherum: Er besteht aus mehr Milch als Kaffee und entspricht dem deutschen Milchkaffee.

sein Motto. Seine einzige Neuerung: Sonntags gibt es jetzt ab 15 Uhr auch einen „High Tea". Die Dependance der Wiener Konditorei, die sich jetzt „Vienna Konditorei" nennt und am Plaats neben dem Hofvijver und dem Parlament zu finden ist, wurde inzwischen verkauft, aber auch dort weht noch der Wiener Wind zu den entsprechenden österreichischen Schmankerln.

WEINBARS

Weinbars sind der neue Trend in Den Haag und sie schießen derzeit wie Pilze nach einem warmen Sommerregen aus dem Boden. Hier eine kleine Auswahl:

⊙95 [D8] **Taste – The Winebar,** Tournooiveld 1, Den Haag, Mo.–Sa. 14–23 Uhr, So. 14–21 Uhr. *Der* Hotspot in Den Haag. Edler und schöner kann man seinen Wein kaum trinken, denn das Taste bietet einen traumhaften Blick auf den Hofvijver, den Binnenhof ❶ und das Museum Mauritshuis ❷. Die Einrichtung ist postmodern: Lounge-Charakter, bequeme Sofas. Die Weine lagern in gläsernen Vitrinen, die allerdings verschlossen sind. Man kann eine solche Weinbox mieten und dort seinen Lieblingswein gekühlt oder den Rotwein bei passender Kellertemperatur aufbewahren lassen. Das kostet je Weinbox knapp 3000 € Miete im Jahr, aber man bekommt dann auch immer garantiert seinen Lieblingswein und auch immer einen Platz, denn

021dh Abb.: ug

für die Weinbox-Mieter ist eine Ecke reserviert. Auf der Karte findet man mehr als 200 Weine aus (fast) aller Welt, darunter natürlich die großen Gewächse aus dem Bordeaux und dem Burgund. Etwa 50 Weine kann man auch glasweise bestellen, was aber vergleichsweise teuer ist. Ein Glas Sancerre kostet 9 €. Es stehen übrigens keine deutschen Weine auf der Karte. Kuriose Begründung: Der Weinlieferant des Taste wolle das nicht.

🔴96 [D9] **Weinbar Crystal**, Plein 9A, Den Haag, neben dem Binnenhof, Tel. 070 3629043, www.crystal.nl. Gemütliche Weinbar, in der man wirklich gute Weine bekommt und auch vorzüglich zu einem verträglichen Preis essen kann. Interessantes Publikum. WLAN

DEN HAAG AM ABEND

Wer noch genug Energie hat, um sich ins Den Haager Nachtleben zu stürzen, ist an warmen Sommerabenden am Boulevard von Scheveningen, der Strandpromenade, gut aufgehoben. Doch auch in der Stadt gibt es ein paar schöne Ausgehmeilen, wo man sich auf ein „biertje" oder einen „koffie" trifft.

AUSGEHMEILEN

Wer Den Haag im Sommer besucht, fühlt sich ein bisschen wie im Süden. Die Plätze in der Innenstadt sind dann voller Tische, Stühle und Menschen und erinnern an die Atmosphäre einer italienischen Piazza. Am **Boulevard von Scheveningen** (Strandpromenade) tummeln sich Kinder mit Eis, Jugendliche mit der Freundin im Arm, Erwachsene auf coolen Lounge-Liegen, Oma und Opa auf der Bank mit Blick aufs Meer. Wer es ruhiger mag, sollte den Südstrand aufsuchen

und dort den Sonnenuntergang in einer Strandbar genießen oder sich mit einem Glas Wein an die Gracht setzen.

Auch in der Innenstadt spielt sich im Sommer das Leben im Freien ab. Vor allem am **Plein** 🔴 gibt es unzählige Restaurants und Bars mit Tischen, Stühlen und Bänken unter Schatten spendenden Bäumen. Da neben dem Plein mehrere Ministerien liegen, ist das Publikum hier etwas älter und gediegener als am **Grote Markt** [B8], wo es auch eine Cocktailbar und eine Musikkneipe gibt. Im Sommer ist der Grote Markt eine einzige Outdoorkneipe mit überwiegend jungem Publikum. Etwas ruhiger geht es am wunderschönen **Anna Paulownaplein** [C7] zu, einem kleinen Platz mitten im noblen Mesdagviertel. Mehrere Restaurants und Bars stellen im Sommer Tische und Bänke auf dem Platz auf, aber auch im Herbst und Winter sind die Lokale hier einen Besuch wert. Eine ganze Restaurantmeile ist die sogenannte **„Avenue Culinaire"** an der **Dunne Bierkade** [C9], die trotz ihres französischen Beinamens weniger an Paris als an Amsterdam erinnert. An dieser schönen Gracht gibt es angesagte Restaurants und – wie der Name schon sagt – auch viele Kneipen mit einem großen Bierangebot.

◀ *Das Taste bietet goldfarbene Sofas, Glamour, Austern, Wein – und nicht zuletzt einen zauberhaften Blick auf den Binnenhof*

KNEIPEN

◷**97** [B8] **Boterwaag,** Grote Markt 8A, Den Haag, Tel. 070 3659686, tägl. 10–1 Uhr, Straßenbahn 2, 3, 4, 68, Haltestelle Grote Markt. Die Boterwaag ist eine der vielen Kneipen und Restaurants am Grote Markt. In dem alten Gebäude werden verschiedene – auch berühmte belgische – Biere ausgeschenkt und ab 17 Uhr kann man dort auch essen. Vor allem im Sommer lässt es sich wunderbar im Freien sitzen.

◷**98** [D9] **Café Berger,** Plein 18, Den Haag, www.cafeberger.nl, Tel. 070 3600006. Hier trinken viele Politiker ihr Bierchen. WLAN-Hotspot

◷**99** [D9] **Café Restaurant Leopold,** Plein 17, Den Haag, Tel. 070 3600009, www.caferestaurantleopold.nl, Mo.–So. 12–1 Uhr, zentral gelegen am Parlament/Binnenhof. Der belgische Botschafter ließ es sich nicht nehmen, die Kneipe mit Restaurant persönlich zu eröffnen, denn hier gibt es belgisches Bier.

◷**100** [D9] **Cloos,** Plein 12A, Den Haag, direkt am Parlament neben der Weinbar Crystal (s. S. 45), Tel. 070 3639786, www.eetcafecloos.nl, Mo.–So. 12–1 Uhr. Gemütliches Bistro im französischen Stil.

◷**101** [C9] **De Paas,** Dunne Bierkade 16A, Den Haag, Tel. 070 3600019, So.–Do. 15–1 Uhr, Fr., Sa. bis 1.30 Uhr. Nähe chinesisches Viertel und Spui. An einer schönen Gracht liegt diese beliebte Kneipe mit einem Terrassenboot davor (es schaukelt etwas!), auf dem man im Sommer wunderbar Bier trinken kann. Apropos Bier: Bei 160 verschiedenen Biersorten fällt die Auswahl schwer. Soll es ein Bier mit Kirsch- oder Grapefruitgeschmack sein, ein belgisches Bier oder die heimische Biermarke aus Bayern?

◷**102** [B8] **De Zwarte Ruiter,** Grote Markt 27, Den Haag, Tel. 070 3649549, www.grotemarktdenhaag.nl/zwarteruiter, Mo.–Mi. und So. 11–1 Uhr, Do., Fr., Sa. 11–1.30 Uhr. Typisches Haager Szenelokal. Mischung aus Kneipe, Bar, Café, Restaurant. Tolle Atmosphäre, schöne Terrasse am Grote Markt, einem der Ausgangszentren Den Haags, Livemusik

◷**103** [C7] **Room,** Anna Paulownaplein 16, Den Haag, Tel. 070 3630002, www.roomdenhaag.com, Mo.–Fr. 9 bis 21.30 Uhr (Küche), Sa.–So. 10–21.30 Uhr (Küche). Schöne Bar mit Biergartenatmosphäre, im Sommer auch im schönen Garten unter einem großen Kastanienbaum. Viele Snacks und kleine, aber feine Gerichte, von Cesar Salad bis *bitterballen.* Hier heißt es „sehen und gesehen werden".

◷**104** [B8] **The Fiddler,** Riviervismarkt 1, Den Haag, bei der Grote Kerk im Zentrum, Tel. 070 3651955, Di.–So. 12–22 Uhr. In dem ehemaligen Musikladen befindet sich heute ein englischer Pub, in dem auf zwei Etagen neben holländischen Bieren vor allem Pitcher mit Cider, Guiness oder belgischen Bieren ausgeschenkt werden. Dazu gibt es *vinegar chips* (Chips mit Essiggeschmack).

◷**105** [A4] **The Old Jazz,** Aert v. d. Goesstraat 7, Den Haag, Tel. 070 3525066, täglich 17–1 Uhr, Bus 24, Haltestelle Cornelis de Wiitlaan. Im Statenkwartier liegt diese gemütliche Kneipe. Nach der Arbeit treffen sich hier viele, die bei einer internationalen Institution arbeiten, zum Umtrunk, dem sogenannten *borrel.* Wer essen möchte, der kann das im hinteren Teil vom Old Jazz tun.

KLUBS UND DISCOS

◷**106** [D8] **Danzig,** Lange Houtstr. 9, Tel. 070 3648464, Do.–Sa. 23–4 Uhr, Do. nur ab 18 Jahre, Wochenende ab 20 Jahre. Studentendisco, viel Popmusik, auch mal „back to the 80s". Hier gibt es den *Drop-Shot,* das ist ein süßer dunkler Likör, der schmeckt wie Drop, eine typische niederländische Süßigkeit.

⊕**107** [B8] **Club Seven,** Prinsegracht 14, Den Haag, Tel. 070 2206420, 23–4 Uhr, an VIP-Abenden bis 8 Uhr. Die angesagteste Disco in Den Haag. Schickes Publikum, Sushi-Abende, Top-DJs. Drei Stockwerke mit Wohnzimmeratmosphäre, gemütlich und hip zugleich!

⊕**108** [C8] **Le Paris,** Den Haag, Kettingstraat 12B, Tel. 070 360 7688, Mi.–So. 22–5 Uhr. Eine der neusten Discos in Den Haag, gute Technomusik

⊕**109** [C8] **Havanna,** Den Haag, Buitenhof 19, Tel. 070 5220301, Fr.–So. 12–4 Uhr. Tagsüber Restaurant, ab Freitagabend der Salsa-Tempel von Den Haag, außerdem gibt es die besten Mojitos der Stadt.

⊕**110** [B9] **Paart van Troje,** Prinsegracht 12, Den Haag, Tel. 070 3601838, Mi.–So. 22–05 Uhr. DJ Tiesto fing hier an und bekannte niederländische und andere europäische Bands treten hier auf. Tagsüber ein Theater, nachts Disco, drei Etagen in der *main hall* mit Gast DJs.

⊕**111** [D9] **Square,** Plein 8, Den Haag, täglich ab 12 Uhr, Tel. 070 3249080, www.zamen.nl. Bar, Restaurant, Klub, von allem etwas, sehr geräumig und angesagt. Teil einer großen Gastronomiekette, zu der noch sieben weitere Kneipen, Restaurants und attraktive Strandpavillons in Scheveningen gehören (etwa das Doen oder das Wij, s. S. 40). Das Square ist trendy, schick, „mega-in" und erhebt den Anspruch, „das Ambiente von New York nach Den Haag zu bringen".

LIVEMUSIK

⊕**112** [F1] **Crazy Pianos,** Strandweg 21–29, Scheveningen beim Kurhaus, Tel. 070 3227525, www.crazypianos.com, tägl. von 11 Uhr (es gibt hier auch etwas zu essen) bis um 3 bzw. Sa. 4 Uhr morgens, Eintritt: Mindestalter 23 Jahre, Straßenbahn 1 und Bus 21 und 23, Haltestelle Kurhaus. Nach einem sonnigen Tag am Strand und einem relaxten Abend in einer Strandbar gibt es nur eins: im Crazy Pianos bis tief in die Nacht abtanzen. Die Stimmung ist fantastisch, die Barmädchen tanzen auf den Pianos und die Pianisten spielen Songs, die man kennt und mitsingen kann. Einige der Pianospieler haben inzwischen ihre eigenen CDs herausgebracht und sind in den Niederlanden relativ bekannt, u. a. Roel van Velzen.

⊕**113** [C8] **Muziekcafé De Paap,** Papestraat 32, Den Haag, Tel. 070 3652002, www.depaap.nl, Di.–So. ab 19 Uhr, Fr. ab 17 Uhr, im Juli und August auch Di. geschlossen. Im Paap treten Livebands auf. Anouk und Kane sind hier berühmt geworden. Di. und Mi. zwischen 21 und 23 Uhr, Do.–Sa. ab 22 Uhr heißt es „Vorhang auf für Pop und Rock aus Den Haag"!

KLASSISCHE MUSIK

Das **Residentie Orkest,** das Residenzorchester, besteht seit über 100 Jahren und gehört zu den besten Symphonieorchestern der Niederlande oder sogar ganz Europas. Geleitet wird es von dem gebürtig aus Estland stammenden Chefdirigenten Neeme Järvi, der mit seinen mehr als 400 CD-Einspielungen als der Dirigent mit den meisten Tonaufnahmen gilt. Das Repertoire des Residenzorchesters umfasst Kammermusik ebenso wie die großen symphonischen Werke – von der Klassik bis zur Neuzeit. Mit verschiedenen Veranstaltungen wie Einführungskursen vor den Konzerten und Workshops für Kinder und Jugendliche setzt sich das Residenzorchester auch dafür ein, immer mehr Menschen an klassische Musik heranzuführen. Zu hören ist das Residenzorchester im **Dr. Anton Philipszaal** (s. S. 48), aber auch beim Neujahrskonzert und beim

Hofvijverconcert während des Haagse Festival Classique.

> **Residentie Orkest**, Kartenvorverkauf Tel. 070 8800333 oder über die Website www.residentieorkest.nl

MODERNER TANZ

Auch im Bereich des Tanztheaters bewegt sich Den Haag auf Weltklasseniveau. Unter der Leitung der Choreografen Jiří Kylián und Lightfoot León ist das **Nederlands Dans Theater** berühmt für modernen Tanz, der allerdings nie die klassischen Elemente aus den Augen verliert. Im Gegensatz zu den meisten anderen Tanzensembles gibt es hier keine Solisten – alle Tänzer und Tänzerinnen müssen so gut ausgebildet sein, dass sie sowohl Solisten- als auch Ensemblerollen übernehmen können. Das Theater setzt sich aus zwei Kompagnien zusammen: der Haupt-Kompagnie I und der Kompagnie II, der Tänzer zwischen 17 und 22 Jahren angehören. Das Nederlands Dans Theater tritt im

eigenen Gebäude, dem **Lucent Danstheater** (siehe unten), auf. Mit seiner 9 x 18 m großen Bühne ist es das einzige Theater der Welt, das speziell für ein Tanztheater erbaut wurde.

> **Nederlands Dans Theater**, Kartenverkauf Tel. 070 8800100 oder unter www.ndt.nl

VERANSTALTUNGSORTE

114 [C9] **Dr. Anton Philipszaal** und **Lucent Danstheater**, Spui 150, Den Haag, Nähe Zentralbahnhof, Straßenbahn 1, 2, 3, 4, 6 und 16 sowie Bus 24, Haltestelle Centrum oder Spui, Tel. 070 8800100, www.ldt.nl. Es gibt Ballett, aber auch klassische Konzerte und Musicals.

115 [F2] **Fortis Circustheater**, Circusstraat 4, Scheveningen, Tel. 070 4167600, info@fortiscircustheater.nl, www.fortiscircustheater.nl, Straßenbahn 9, Haltestelle Circustheater, Straßenbahn 1, Haltestelle Kurhaus, Bus 21, 22 und 23, Haltestelle Kurhaus bzw. Scheveningseslag. Musicaltheater

022dh Abb.: mob

mit wechselnden Musicals im Programm, u. a. Mary Poppins. Karten unter www.seetickets.nl (auch in Englisch).
Der Musicaltempel von Den Haag/ Scheveningen

DEN HAAG FÜR KUNST- UND MUSEUMSFREUNDE

Die Museen Den Haags gehören zu den bedeutendsten der Niederlande. Kein Wunder, denn Den Haag kann nicht nur auf eine traditionsreiche Stadtgeschichte zurückblicken, sondern ist auch Wohnsitz der Königin. So befindet sich im weltberühmten Mauritshaus das Königliche Gemäldekabinett mit Werken von Rembrandt und Vermeer und die größte Piet-Mondriaan-Sammlung ist im Gemeentemuseum zu bestaunen. Aber der künstlerische Fokus in Den Haag liegt nicht nur auf der Vergangenheit. Auch aktuelle Kunst hat ihren Platz: im Gem, im Fotomuseum und in den vielen Galerien. Im Sommer werden jedes Jahr an der Lange Voorhout Skulpturen eines zeitgenössischen Künstlers ausgestellt, im Jahr 2009 war dies z. B. Javier Marín.

◀ *Kunst vor dem Fortis Circustheater, Den Haags Musicaltempel*

Museen, die mit einer magentafarbenen Nummer (**17**) als Hauptsehenswürdigkeit ausgewiesen sind, werden im Kapitel „Den Haag entdecken" ausführlich beschrieben. Dort finden sich auch alle praktischen Informationen wie Adresse, Öffnungszeiten usw.

MUSEEN

17 [E1] **Beelden aan Zee.** Im spektakulären Museumsbau des niederländischen Architekten Wim Quist am Strand von Scheveningen dreht sich alles um die Bildhauerei. Präsentiert werden z. B. wechselnde Ausstellungen internationaler Künstler und die Porträts der königlichen Familie sowie die Porträtgalerie niederländischer Berühmtheiten.

17 116 [D8] **Escher in het Paleis,** Lange Voorhout 74, Den Haag, Di.–So. 11–17 Uhr, www.escherinhetpaleis.nl, Eintritt: 7,50 €, Kinder (bis 6 Jahre) gratis, Kinder (7–15 Jahre) 5 €, Familien (2 Erwachsene und 2 Kinder) 20 €, Straßenbahn 16, 17, Haltestelle Korte Voorhout, Bus 4, 5, 22, Haltestelle Kneuterdijk. Wie ist das nur möglich? Treppen, die nach unten führen, aber dann doch wieder oben enden und Vögel, die langsam in Fische übergehen – Maurits Cornelis Escher (1898–1972) war ein Meister der optischen Täuschung. Ganze Schulklassen reisen in das Palais, um sich zu fragen: Wie konnte er das zeichnen? Im ehemaligen Winterpalast von Königin Emma ist nahezu das komplette Werk des berühmten niederländischen Künstlers untergebracht, darunter seine bekannten Werke „Tekenen" und „Dag en Nacht". Im obersten Stockwerk des Museums können die Besucher in kleinen Experimenten herausfinden, wie leicht man sich täuschen lassen kann. Deshalb noch schnell ein Foto im Escher-Raum machen, auf dem die Eltern doch tatsächlich kleiner sind als die Kinder. Es gibt noch weitere Gründe, um das Museum zu besuchen, denn die prachtvollen Räume sind ebenso sehenswert wie die 15 riesigen Kronleuchter, die in Form eines Cellos, Totenkopfes, Globus oder einer Amphore von den Decken hängen und Werke des Rotterdamer Künstlers Hans van Bentem sind.

🚋117 [B4] **Fotomuseum,** Stadhouderslaan 43, Den Haag, im selben Gebäude wie das GEM, www.fotomuseumdenhaag.nl, Di.–So. 12–18 Uhr, Eintritt: 5 €, Senioren und Studenten 3 €, Kinder (bis 18) gratis, Kombiticket mit dem GEM 12 €, Straßenbahn 17 und Bus 24, Haltestelle Gemeentemuseum/Museon. Ob schwarz-weiß oder knallbunt, holländisch oder international, klassisch oder ultramodern – die Welt wird in Fotos widergegeben. Bilder von Künstlern wie Loretta Lux, Rineke Dijkstra und Gregory Crewdsin wechseln sich ab mit Klassikern der Fotografie, u. a. Edward S. Curtis oder Leonard Freed.

🚋118 [B4] **GEM – Museum für aktuelle Kunst,** Stadhouderslaan 43, Den Haag, www.gem-online.nl, Di.–So. 12–18 Uhr, Eintritt: 5 €, Senioren 3 €, Kinder (bis 18 Jahre) gratis, Kombiticket mit dem Fotomuseum 12 €, Straßenbahn 17 und Bus 24, Haltestelle Gemeentemuseum/Museon. Das GEM ist eines der wichtigsten Museen für zeitgenössische bildende Kunst in den Niederlanden und setzte auch weltweit Trends. Ausgestellt werden Werke von Künstlern aus Den Haag und den Niederlanden, aber auch internationaler Künstler. Auffallend ist das breite Spektrum an verschiendenen Kunstrichtungen: (Video-)Installationen, Bilder und Skulpturen, Multimediakunst, Performances, Film, Fotografie und digitale Kunst. Begleitet werden die Solo- oder Gruppenausstellungen von Lesungen, Diskussionsrunden und Buchpräsentationen. Übrigens: GEM ist keine Abkürzung, sondern das englische Wort für ein kleines Juwel. Im selben Gebäude wie das GEM befindet sich auch das Fotomuseum.

㉓ [B4] **Gemeentemuseum.** Das schöne Gebäude beherbergt u. a. die größte Mondriaan-Sammlung der Welt und Werke anderer weltberühmter Maler, eine Modekollektion und eine Sammlung von Kunstgegenständen. Die sogenannten *Wonderkamers* richten sich vor allem an junge Leute.

🔴5 [C8] **Gevangenpoort (Gefängnismuseum).** Das ehemalige Gefängnis des Gerichtshofes von Holland hat Gruselcharakter. Im Gebäude aus dem 15. Jahrhundert „locken" Zellen und Folterkeller, es werden Straf- und Folterwerkzeuge gezeigt und es wird darüber aufgeklärt, was in vergangenen Zeiten mit denen passierte, die gegen das Recht verstießen.

🚋119 [D8] **Historisches Museum Den Haag,** Korte Vijverberg 7, Den Haag, www.haagshistorischmuseum.nl, Di.–Fr. 10–17 Uhr, Sa.–So. und Feiertage 12–17 Uhr, Eintritt: 4 €, Kinder (bis 18 Jahre) gratis, Straßenbahn 16 und 17, Haltestelle Korte Voorhout, Straßenbahn 1 und Bus 22, 24, Haltestelle Kneuterdijk. Direkt am Hofvijver und so mitten im historischen Zentrum liegt das Historische Museum von Den Haag. Hier werden ebenso Meisterstücke der niederländischen Geschichte ausgestellt wie alte Karten und Stiche von Den Haag. Der Besucher bekommt einen guten Eindruck von der Entstehungsgeschichte der Stadt sowie Informationen über die Oranier, die eng mit Den Haag verbunden sind.

▶ *Geschichtsträchtig: das Historische Museum Den Haag am idyllischen Hofvijver*

❷ [D8] **Mauritshuis.** Das wohl berühmteste Museum Den Haags beherbergt das „Mädchen mit dem Perlenohring" von Vermeer. Direkt am Hofvijver gelegen gehört es zu den Hauptsehenswürdigkeiten der Stadt.

120 [E2] **Muzee Scheveningen,** Neptunusstraat 90–92, Scheveningen, Tel. 070 3500830, www.muzee.nl, Eintritt: Erw. 5 €, Kinder (bis 12 Jahre) 3 €, Kombiticket mit Leuchtturm: 7 €, Di.–Sa. 10–17 Uhr, So. 12–17 Uhr. Das Muzee stellt Exponate zu zwei Themengebieten aus: einmal zur Geschichte des Stadtteils Scheveningen und dann zum Thema Meer. Im Muzee gibt es einen alten Tante-Emma-Laden aus Scheveningen sowie historische Holzschiffe zu bestaunen, aber auch Muscheln aus aller Welt und ein Korallenriff. Am Mittwoch und Samstag um 14 Uhr ist es möglich, mit einem Kombiticket auch den Leuchtturm von Scheveningen zu besichtigen (Kinder unter 5 Jahren dürfen aus Sicherheitsgründen leider nicht mit).

⓬ [C7] **Panorama Mesdag,** eine 360°-Ansicht von Scheveningen aus dem Jahr 1880 – das größte Panorama der Welt, das noch an seinem ursprünglichen Platz ist.

KLEINE PAUSE

Pause im Gember

Schon beim Eintritt ins GEM stellt sich die Frage: Gleich ins Museum oder vorher lieber noch einen Kaffee trinken? Das Café-Restaurant Gember (täglich 11–21 Uhr, jeden ersten Sonntag im Monat von 17–22.30 Uhr Tangoabend) lockt mit seiner schönen Terrasse am Museumsweiher. Wenn die Sonne scheint, fällt die Antwort leicht: Erst einen Kaffee im Freien, dann gestärkt ins Museum ... und danach vielleicht noch mal zurück – auf einen Rotwein und ein Risotto.

KUNSTGALERIEN

Kunst und Antiquitäten auf der Haager Nobelmeile Noordeinde. Bezüglich der Öffnungszeiten empfiehlt es sich, vorher bei den Galerien anzurufen.

☎ **121** [C7] **Artana**, Noordeinde 159, Den Haag, Tel. 070 4274441, www.artana.nl. Artana ist das Zentrum für Kunst aus Südamerika. Galeriechef John Dunkelgrün präsentiert hier vor allem Künstler aus Argentinien, Mexiko und Peru. Aber auch Werke anderer lateinamerikanischer Künstler sind zu sehen. Zusammen mit der Galerie Noordeinde eine der besten Adressen auf der Kunstmeile.

☎ **122** [C8] **Antes Art Forum**, Noordeinde 57, Den Haag, Tel. 070 3607622. Art Nouveau und Art déco

☎ **123** [C7] **GN – Galerie Noordeinde**, Noordeinde 117, Den Haag, Tel. 070 3606868. Die wohl originellste und kreativste Galerie auf der Haager Kunstmeile. Regelmäßige Vernissagen mit Musik, Wein und einem interessanten Publikum. Werke von Javier Marín, dessen Skulpturen im Jahr 2009 die Lange Voorhout zierten. Außerdem Werke von Claude Justomon, Yao-Tang Huang und Mikkel Wettre

☎ **124** [C7] **Smelink & Stokking Galleries**, Noordeinde 101 und 150, Den Haag, Tel. 070 3640268. Eine weitere Topadresse Den Haags. Bronzeskulpturen und Gemälde in allen Preisklassen. Viel moderne Malerei

▶ *Der Westbroekpark (s. S. 54): Welche Rose wird in diesem Jahr zur schönsten gekürt?*

DEN HAAG ZUM TRÄUMEN UND ENTSPANNEN

Kaum scheint die Sonne und die Temperaturen steigen über fünf Grad, sitzen die Den Haager draußen im Freien. Die Terrassen der Cafés sind dann voll und alle Bänke besetzt. Den Haag ist mit seinen unzähligen Parks die grünste Stadt der Niederlande. Zu den größten Grünanlagen zählen der Haagse Bos im Nordosten und der Zuiderpark im Südwesten der Stadt. Doch zum Entspannen gibt es in Den Haag nicht nur Parks, sondern auch etwas, das die meisten europäischen Städte nicht zu bieten haben: einen kilometerlangen Strand. Jetzt muss man sich nur noch entscheiden – Park oder Strand?

DIE HOFJES

Mitten in der Stadt sind kleine idyllische Orte versteckt: die **Hofjes** („kleine Höfe"). Von außen sind sie kaum zu erkennen, denn häufig trennt sie eine große, schwere Tür von der Außenwelt. Hinter der Tür ist die Welt aber noch in Ordnung: Rund um einen **malerischen Garten** reiht sich ein Häuschen an das andere. Mehr als ein **Wohn- und Schlafzimmer** haben darin nicht Platz, aber das reichte früher aus, denn diese Häuschen waren das Zuhause von **mittellosen Witwen**. Oft konnten sie umsonst in einem der Häuser wohnen, als Gegenzug erwartete man regelmäßigen Kirchbesuch und ein rechtschaffenes Leben. Inzwischen wohnen zwar auch **Künstler** und **Studenten** in den Hofjes, doch sind sie für eine ganze Familie einfach zu klein. In Den Haag gab es früher über 100 solcher Häuschen, heute sind es nur noch um die 12. So gibt es u. a. das **Hooftshofje** in der Assendelftstraat 53–89 (hier kann man unangemeldet mal einen Blick hineinwerfen) und an der Prinsesgracht das **Hofje van Nieuwkoop.** Um die Privatsphäre der Bewohner zu schützen, sind die meisten Hofjes nur an bestimmten Tagen (z. B. am Open Monumentendag im September, www.openmonumentendag.nl) oder nach Voranmeldung zu besichtigen.

Doch nicht nur arme Witwen, sondern auch Arbeiterfamilien fanden in den Minihäusern ein Zuhause. So wurden die **Hofjes Om en Bij** in der gleichnamigen Straße von Arbeiterfamilien bewohnt. Auf 40 m² lebten zum Teil zwei Erwachsene mit acht Kindern! Die Hofjes Om en Bij liegen übrigens nicht versteckt hinter einer Türe und können daher auch besichtigt werden.

In einem der Hofjes wird die ursprüngliche Tradition noch bewahrt: Im **Hofje van Wouw** (Lange Beestenmarkt 49–85) leben noch heute 15 alleinstehende Damen ab 50 Jahren, die nach strengen Kriterien ausgewählt wurden. Da sie alle über ein geringes Einkommen verfügen, zahlen sie nur eine sehr niedrige Miete. Das Hofje mit dem wunderschönen **Garten der Hesperiden**, in dem im Sommer auch Orangenbäume stehen, kann nur an wenigen Tagen im Jahr besichtigt werden. Es besteht jedoch die Möglichkeit, eine Führung zu buchen. Die derzeit „herrschende" Regentin dieses wunderschönen Hofjes, Jeanne Kamerling Onnes, organisiert gerne eine Besichtigung. Onnes ist eine direkte Nachfahrin der Gründerin Cornelia van Wouw, die das Hofje 1647 bauen ließ. In einem ruhigen und rustikalen Nebengebäude innerhalb des geräumigen mittelalterlichen

Hofjes kann man auch in einzigartiger Atmosphäre seinen Geburtstag feiern (ebenfalls nur auf Anfrage).

› Infos über Hofje van Wouw u. Tage der offenen Tür bzw. Buchungsmöglichkeit für Führungen unter www.hofvanwouw.nl und www.detuinkamer.info (beide auch Englisch) bzw. Tel. 070 3644877

PARKS

●**125** **Japanischer Garten**, Van Alkemadelaan, Den Haag, Bus 18 und 23, Haltestelle Clingendael, Mai–Mitte Juni 9–20 Uhr, Eintritt: frei. Der japanische Garten im Park des Landgutes Clingendael verdankt seine Entstehung der Gutsherrin Marguerite M. Baronesse van Brienen (1871–1939). Nach mehreren Japanreisen legte sie 1911 diesen Garten an und ließ dort ein Teehaus, Bäche mit Brücken und einen kleinen Teich und Sitzecken anlegen. Sie schuf damit ein echtes Juwel japanischer Gartenkunst. Weil der japanische Garten geschont werden soll, ist er nur ein paar Wochen im Jahr für die Öffentlichkeit zugänglich.

●**126** [C7] **Palastgarten (Paleistuin)**, Eingang über Prinsessewal, Den Haag, Straßenbahn 17, Haltestelle Noordwal. Direkt hinter dem königlichen Palast Noordeinde liegt der Palastgarten, der nun als öffentlicher Park frei zugänglich ist. Diente der ehemalige „Prinzessinnengarten" vor langer Zeit der Erholung der Königsfamilie, so ist er heute eine grüne Oase mitten in der Stadt, in der Anwohner wie auch Palastangestellte frische Luft schnappen können. Hier absolviert auch Frau Chan jeden Morgen ihre Tai-Chi-Übungen.

●**127** [C5] **Sorghvliet-Park**, Scheveningse Weg, Straßenbahn 1, Haltestelle Ary v. d. Spuyweg. Eine kleine Oase mit einer wunderbaren Ruhe. Nicht umsonst heißt Sorghvliet „den Sorgen entfliehen". Wer die Mühe und das Geld nicht scheut, kann

sich bei einer VVV-Touristeninformation eine Jahreskarte für den Sorghvliet-Park holen. Sie kostet um die 6 € und ermöglicht drei Personen den Zutritt. Hinter den Mauern des Parks wartet dann ein kleines Paradies. Hier dürfen keine Sportler joggen, keine Hunde bellen, keine Kinder lärmen. Die Ruhe ist perfekt.

●**128** [E3] **Westbroekpark**, Nieuwe Duinweg, Straßenbahn 9, Haltestelle Nieuwe Duinweg, Bus 21, Haltestelle Nieuwe Parklaan, Eintritt: frei. Im Westbroekpark gibt es für Kinder eine große Spielwiese, einen Bootsverleih mit Kiosk und einen Spielplatz mit Seilbahn, Rutschen und Schaukeln. Das Prunkstück des Parks ist aber das Rosarium, ein Rosengarten, in dem von Juni bis Oktober 20.000 Rosen in rund 300 Beeten blühen. Anfang Juli wird die schönste Rose gekürt. Sehr zum Ärger der Niederländer ist der beste Rosenzüchter häufig ein Deutscher.

●**129** **Zuiderpark**, Straßenbahn 9, Haltestelle Zuiderpark, Eintritt frei, www.zuiderparkdenhaag.nl. Der größte Park Den Haags ist ein wahres Ausflugsziel. Im Sommer treffen sich hier ganze Familienclans zu einem ausgiebigen Grillabend, Sportler joggen oder skaten durch die Alleen, große Grasflächen locken Sonnenhungrige ins Freie,

---

EXTRATIPP

Ausflugslokal Westbroekpark

Von der Haringkade aus fährt ein Minifloß über den kleinen Fluss zum idyllischen Ausflugslokal im Westbroekpark. Dort kann man auf Holzplanken am Wasser oder an kleinen Tischen sitzen, an seinem Brot mit Aioli knabbern, ein Ruderboot mieten oder sich mit einem Buch davonträumen. Wer nicht mit dem Floß fahren möchte, kann durch den Westbroekpark und das Rosarium zu diesem kleinen Lokal laufen.

Tiergehege und ein Kinderbauernhof sind für die Kleinsten der Renner. Im Sommer finden zudem eine Menge Veranstaltungen statt (z. B. Parkpop).

STRÄNDE

Zu Den Haag gehören drei große Strandbäder: Scheveningen, Kijkduin und Wassenaar. Das Strandbad, das von der Innenstadt am schnellsten und einfachsten zu erreichen ist, ist **Scheveningen** (s. S. 92). Von der Innenstadt führen Straßenbahn (Linie 1, 9 und 11) und Bus (Linie 21 und 22) direkt an den Strand.

Während es in Scheveningen im Sommer recht lebhaft zugeht, zeigt sich das im Südwesten von Den Haag gelegene Seebad **Kijkduin** von einer etwas ruhigeren und familienfreundlicheren Seite (erreichbar mit dem Bus 24). Im Winter sieht man hier hauptsächlich Senioren, im Sommer tummeln sich Familien am Strand, denn direkt hinter den Dünen liegt der große Campingplatz Kijkduinpark, der neben Stellplätzen für Zelte und Wohnwagen auch Dünenvillen vermietet. Am Strand reiht sich ein *strandtent* (ein Strandrestaurant) an das andere und wirbt mit Pfannkuchen und Pommes, Pizza und Steak um die Gunst der Touristen. Auch ein kleines Einkaufszentrum gibt es, in dem man Strandausrüstung, Bademode, Zeitungen und vieles andere bekommen kann. Das einzige Hotel am Platze – und zwar direkt am Strand – ist das Viersternehotel Atlantic (s. S. 123). Kinder kommen in Kijkduin voll auf ihre Kosten: Direkt an der Promenade gibt einen kleinen Leuchtturm und ein Schiff, auf dem sie turnen können. In den nördlichen Dünen liegt die „Strandräuberhütte" von „Ome Jan", die vom Boden bis

MIT BUS UND STRASSENBAHN ZUM STRAND

Scheveningen Nordstrand (Noorderstrand/Zwarte Pad):
Kurhaus und Boulevard, Strandabschnitt Zwarte Pad und Beginn der Dünenlandschaft Richtung Wassenaar
> Straßenbahn 1: vom Bahnhof Hollands Spoor über das Zentrum nach Scheveningen Noorderstrand
> Straßenbahn 9: Bahnhof Hollands Spoor über Central Station und Zentrum nach Scheveningen Noorderstrand
> Bus 21: durch den westlichen Teil von Den Haag und das Statenkwartier nach Zwarte Pad

Scheveningen Strandweg
> Straßenbahn 11: vom Bahnhof Hollands Spoor vorbei am Haagsche Markt nach Scheveningen Strand

Scheveningen Südstrand (Duindorp)
> Straßenbahn 12: vom Bahnhof Hollands Spoor nach Scheveningen Südstrand (Man muss erst durch die Dünen laufen, doch dafür ist der Strand ruhiger als am Boulevard!)
> Bus 23: vom Bahnhof Voorburg über das westliche Den Haag nach Duindorp/Südstrand (erst Dünen!)

Strandbad Kijkduin
> Bus 24: vom Zentralbahnhof über das Zentrum und das Statenkwartier nach Kijkduin
> Bus 26: vom Bahnhof Hollands Spoor nach Kijkduin – direkt zum Strand

ONKEL JAN, DER „STRANDJUTTER"

*Ca. 10 m vom Hotel Atlantic (s. S. 123) in Richtung Scheveningen steht mitten in den Dünen von Kijkduin ein **Bauwagen**. Dort herrscht „Ome Jan" über alte Bojen, Hölzer und Plastikspielsachen. All diese Dinge sind **Strandgut**, wurden also am Strand angespült und von „Onkel Jan" gesammelt. Aus dem Holz baute er den Bauwagen, die Stühle und Tische. Im Bauwagen selbst gibt es **eine Art Museum:** Hier werden alle Kuriositäten gesammelt, die im Laufe der letzten Jahre am Strand angeschwemmt wurden. Netze, Lampen, Schuhe, Uhren, Schlüssel, eine alte Grammophonplatte mit Kirchenliedern, Knochen und sogar ein Päckchen „Kokain", das sich als Backpulver herausstellte. Bei Südwestwind kommen die seltsamsten Dinge an, erzählt Ome Jan. Dann tauchen Gegenstände aus Frankreich und England auf, wie zum Beispiel eine englische Lockente. Die Idee zu diesem Museum hatte Ome Jan vor neun Jahren. Damals gab er die Garnelenfischerei auf und widmete sich ganz seinem Hobby, dem „strandjuttern" oder besser gesagt dem Strandgutsammeln. Die Leidenschaft hat er von seiner Mutter, die nach jedem größeren Sturm mit einem Metalldetektor den Strand nach wertvollen Gegenständen absuchte. Täglich ist Ome Jan von 12 bis 17 Uhr an seinem Bauwagen in den Dünen. Mit vier freiwilligen Mitarbeitern gibt er Kurse im „strandjuttern" oder erzählt seine Geschichten vom Meer, den Dünen und all dem, was sich dort so finden lässt (www.jutterskeet.nl).*

zur Decke mit Strandgut gefüllt ist. Hier wird alles aufbewahrt, was am Strand gefunden wurde. Auch im Winter lohnt sich ein Abstecher nach Kijkduin, denn dann liegen Hunderte von bunten Lichtkugeln in den Dünen und tauchen die Landschaft in eine zauberhafte Stimmung.

Etwas außerhalb von Den Haag liegt der Nobelvorort **Wassenaar**. Hier wohnen Prinz Willem-Alexander, seine Frau Maxima und ihre drei Töchter und viele andere Mitglieder der Den Haager High Society. Aus den parkähnlichen Grundstücken ragen die weißen Villen hervor, in den Auffahrten stehen die teuren Schlitten und man wohnt stilvoll in einem waldreichen Gebiet mit Golfplatz und Reitverein. Von dieser teuren Wohngegend führen Wege durch den **Wassenaarse Slag**, ein zauberhaftes Dünengebiet, an den 8 km langen und relativ ruhigen Strand. Vier Strandpavillons und ein Restaurant versorgen die Sonnenanbeter mit Pommes, Eis und kühlen Getränken (Bus 468, Parkplatz kostenpflichtig).

.

AM PULS
DER STADT

003dh Abb.: dhm

Den Haag oder 's-Gravenhage („Stadt des Haager Grafen")? Das ist die Frage, die sich manche noch stellen. Aber sie ist eigentlich längst beantwortet, denn Den Haag hat sich als Bezeichnung längst eingebürgert. Nicht zuletzt deshalb, weil es leichter auszusprechen ist als 's-Gravenhage (auch wenn es sich dabei immer noch um eine amtliche Bezeichnung für die Stadt handelt). Den Haag ist die mondänste Stadt der Niederlande, Residenz der Königin, Regierungssitz, Stadt der internationalen Gerichtshöfe und zahlreicher anderer internationaler Organisationen sowie Hauptsitz vieler internationaler Firmen wie dem Ölkonzern Royal Dutch Shell, der Versicherung Aegon und der KPN Telecom (E-Plus).

DAS ANTLITZ DER METROPOLE

Es gibt zwei Möglichkeiten, sich Den Haag zu nähern. Die erste führt über die Nordsee, die zweite über den Landweg – mit dem Auto über die Straße, per Bahn auf der Schiene oder sogar mit dem Fahrrad durch die Polderlandschaften. Mit dem Schiff kommend legt man im schönen Scheveningen an, aber auch die Anfahrt per Auto hat ihre Reize – immer vorausgesetzt, man fährt nicht zur Hauptverkehrszeit.

Krieg Den Haag vor dem Zweiten Weltkrieg noch eine relativ „flache" Stadt, so wuchs sie danach rasant in die Höhe. Der Grund lag in den vielen **Neuankömmlingen aus den Kolonien,** für die Wohnraum geschaffen werden musste. Zudem wurden im Krieg rund 8000 Häuser zerbombt, weshalb rund 25.000 Den Haager auf Wohnungssuche waren. Als Stadtplaner wurde **W. M. Dudok** engagiert, der ganze Stadtteile neu erschuf und sie nach folgender Berechnung aufteilte: 40 Prozent der Fläche standen für Wohnungen zur Verfügung, 20 Prozent für Grünflächen, 30 Prozent für Straßen und Plätze und 10 Prozent für öffentliche Gebäude. Fabriken und Büroräume wurden in diesen

025dh Abb.: ug

◀ *Alt und neu: Binnenhof* ❶
und Den Haager Skyline

◀ *Vorseite: Die Möwe hat wenig
Respekt vor Willem van Oranje*

neuen Vierteln nicht vorgesehen. In den letzten Jahren fand in Den Haag ein wahrer **postmoderner Bauboom** statt und berühmte Architekten wurden engagiert, um der Stadt ein neues Antlitz zu geben.

Wenn man vom Prins Clausplein kommend über die Utrechtsebaan (A12, Stadtautobahn) in Richtung Norden fährt, offenbart sich dem Autofahrer die **einzigartige Skyline** 🔟 von Den Haag (am schönsten in der Abendsonne). Der Brückenbogen des Versicherungskonzerns ING – Nationale Nederlanden überspannt die Stadtautobahn wie die Ponte Vecchia in Florenz den Canale Grande. Darüber thronen die beiden knallblau funkelnden Türme des niederländischen Gesundheitsministeriums. Sie sind inzwischen ein Wahrzeichen Den Haags und haben den Spitznamen „**Die Haager Titten**" erhalten, was wohl nicht übersetzt werden muss. Die „Haagse Titten" wurden vom US-Stararchitekt Michael Graves entworfen – offiziell heißt das Gebäude **Castalia**. Graves und andere renommierte Architekten haben die Stadt in den zurückliegenden Jahren fundamental verändert. Rund um den Hauptbahnhof entstanden noch weitere neue Hochhäuser, in denen meist Ministerien residieren. Hierzu gehören z. B. der **Hoftoren** („Hofturm"), mit 142 m Höhe das höchste Gebäude Den Haags und von der Bevölkerung „de Vulpen" („der Füller") genannt, und der 88 m hohe **Zurichtoren**, im Volksmund als „Citruspers" („Zitronenpresse") bekannt.

Der amerikanische Architekt Richard Meier konstruierte das neue Den Haager **Rathaus** 🔟 am „Het Spui", das in seiner ganz weiß gehaltenen Pracht ein wahrer Augenschmaus ist. Von hier aus öffnet sich die Stadt für den Besucher zu allen Seiten. Im Norden liegen Regierungsviertel (Binnenhof), Buitenhof, Plein, Plaats, Noordeinde, Denneweg und Frederikstraat. Im Osten der Hauptbahnhof, von dem aus man auch bequem zum Rathaus laufen kann. Auch die bekanntesten Museen wie das Mauritshuis, Panorama Mesdag, der Gevangenpoort, das Historische Museum und das Museum Escher sind von hier aus zu Fuß schnell zu erreichen.

Im Westen beginnt Chinatown und im Süden der neue Haagse Campus, das Universitäts- und Studentenviertel, das hinter dem zweiten großen Bahnhof der Residenzstadt, dem „Hollands Spoor", gerade neu gebaut wurde, aber sich noch nicht zu einem echten Studentenviertel entwickelt hat. Das dauert wohl noch etwas.

VON DEN ANFÄNGEN BIS ZUR GEGENWART

Eigentlich heißt Den Haag gar nicht Den Haag, sondern 's-Gravenhage, was so viel bedeutet wie „Stadt des Haager Grafen". Viele Einwohner nennen ihre Stadt auch immer noch so, wenn sie betonen wollen, dass sie in der Residenzstadt der Niederlande bzw. „de Residentie" wohnen.

Den Haag hat den Status einer Residenzstadt, weil seit 1229 die Statthalter von Oranien-Nassau hier lebten und „regierten". Seit 1831, nachdem die französischen Besatzer (1795–1813) die Niederlande zum Königreich erhoben hatten, ist Den Haag auch der offizielle Wohnsitz des niederländischen Königshauses. Die Den Haager verwenden aber bereits seit 1602 offiziell den Namen 's-Gravenhage, denn bevor die Niederlande zum Königreich wurden, waren die holländischen Herrscher Grafen oder „Statthalter". 1648 wurde aus den Niederlande eine unabhängige Republik, was im Westfälischen Frieden zu Münster und Osnabrück vertraglich besiegelt wurde.

DEN HAAGER GESCHICHTE AUF EINEN BLICK

11. Jahrhundert: Dort, wo sich das heutige Regierungszentrum Den Haags, der Binnenhof, befindet, gibt es bereits im 11. Jahrhundert ein Dorf.

1248: Graf Willem II. von Holland lässt ein Schloss erbauen. Unter anderem entsteht der historische Rittersaal, wo am „Prinsjesdag", dem dritten Dienstag im September, die Königin mit ihrer Goldenen Kutsche vorfährt und die alljährliche Thronrede verliest, mit der sie das neue parlamentarische Jahr eröffnet.

14. Jahrhundert: In die Haghe, wie Den Haag damals hieß, lassen sich die Grafen von Holland fest nieder.

15. Jahrhundert: Die holländischen Statthalter – der bekannteste war Johann Moritz von Nassau – bauen ihre Residenzstadt Den Haag aus.

1560: Den Haag bekommt ein kleines Rathaus, außerdem wird eine steinerne Stadtbefestigung genehmigt. Diese wird jedoch nicht rechtzeitig fertiggestellt, um die Bevölkerung vor den Bedrohungen des 80 Jahre dauernden Befreiungs- und Religionskrieges gegen die spanischen Habsburger zu schützen (1568 bis 1648).

1648: Nach dem Frieden zu Münster und Osnabrück, der in den Niederlanden den Achtzigjährigen Krieg und in Deutschland den Dreißigjährigen Krieg beendete, wird Den Haag feste Residenz der Statthalter der Republik der Vereinigten Niederlande, die erstmals international als unabhängiger Staat anerkannt wird.

17. Jahrhundert: Das Goldene Zeitalter der Niederlande bringt Reichtum und Wohlstand für viele niederländische Bürger. Johann Moritz von Nassau lässt das Mauritshuis (jetzt Museum) und edle Stadtpaläste bauen. Ein Teil dieser Architektur ist bis heute erhalten geblieben.

1806: Die Stadt erhält von König Ludwig Bonaparte während der Besatzung durch Frankreich die Stadtrechte.

1914–1918: Die Niederlande sind während des Ersten Weltkriegs neutral und bleiben von den Kriegshandlungen verschont.

1940: Nazi-Deutschland überfällt am 10. Mai 1940 die Niederlande. Den Haag wird besetzt, Rotterdam von der deutschen Luftwaffe bombardiert. Die Niederlande kapitulieren am 15. Mai. Der Österreicher Arthur Seyß-Inquart wird als Reichskommissar für die besetzten Niederlande eingesetzt. Der Widerstand gegen die deutschen Besatzer wächst. Viele Widerstandskämpfer werden nach ihrer Enttarnung und Verhaftung von den Nazis in das Gefängnis im Stadtteil Scheveningen gesperrt, das den Spitznamen „Oranje-Hotel" erhält, weil es als Ehre gilt, hier als Widerstandskämpfer eingesperrt zu sein. Auch der mutmaßliche Doppelagent „King Kong," ein Niederländer, der sowohl für Nazi-Deutschland als auch für den niederländischen Widerstand spionierte, sitzt während des Zweiten Weltkrieges hier ein. Heute befindet sich in diesem Gefängnis die UN Detention Unit, in der Kriegsverbrecher aus den Balkankriegen einsitzen.

3. März 1945: Britische Flugzeuge sollen die Abschussrampen der in Den Haag stationierten deutschen V2-Rakten bombardieren. Durch einen Navigationsfehler zerstören die Bomben aber das Wohnviertel Bezuidenhout. Etwa 500 Menschen sterben. Das ganze Stadtviertel wird zerstört.

1945 bis heute: Seit mehr als zwei Dekaden werden nun große Teile der Haager Innenstadt tief greifend modernisiert. Die Stadt erhielt ein neues Zentrum, dessen Mittelpunkt das von dem amerikanischen Stararchitekten Richard Meier erbaute Rathaus ist.

2006: Im März stirbt der frühere jugoslawische Staatspräsident Slobodan Milošević in seiner Zelle in der UN Detention Unit an Herzversagen.

2008: Der einstige Präsident der Republika Srpska in Bosnien, Radovan Karadžić, wird verhaftet und in die UN Detention Unit überstellt.

2009: Beginn des Kriegsverbrecherprozesses gegen Karadžić vor dem Internationalen Strafgerichtshof.

▲ *Der goldene Brunnen im Zentrum des Binnenhofs* ❶

LEBEN IN DER STADT

Den Haag ist nach Amsterdam und Rotterdam die drittgrößte Stadt des Königreichs der Niederlande und hat ca. 488.000 Einwohner – die Vorstädte wie Rijswijk, Voorburg oder Leidschendam, die mit Den Haag aber quasi eine Einheit bilden, nicht miteingerechnet. 's-Gravenhage, so der andere amtliche Name der Stadt, ist die Hauptstadt der Provinz Süd-Holland und der Regierungssitz der Niederlande, wenn auch nicht deren Hauptstadt (das ist Amsterdam).

Mehr als 150 internationale Organisationen sind hier ansässig und Königin Beatrix hat hier ihre beiden **Paläste:** Huis ten Bosch, ihren etwas außerhalb des Zentrums im wunderschönen Stadtpark gelegenen offiziellen Wohnsitz, und das Paleis Noordeinde ⓫, ihren Arbeitspalast im Herzen der Stadt.

Auch die **Königliche Bibliothek der Niederlande**, der höchste Gerichtshof des Landes (**Hoge Raad**), das höchste Ratgebergremium der Regierung (**Raad van State**) und die **Gerichtshöfe der UNO**, darunter der Internationale Gerichtshof und der ständige Schiedshof, das Iran-United States Claims Tribunal, das UN-Tribunal zur Ahndung von Kriegsverbrechen in Ex-Jugoslawien und der Internationale Strafgerichtshof – International Criminal Court –, die **Chemiewaffen-Abrüstungskonferenz OPCW**, die Fahndungsbehörde der Europäischen Union (**Europol**), das **Europäische Patentamt** und die **International University of Hospitality Management** sind in Den Haag zu Hause.

Im Jahr 2018 will die Stadt an der Nordsee **Kulturhauptstadt Europas** werden und schon ab Sommer 2010 werden die ersten Stadtviertel wie das Kurbad Scheveningen überall kostenlosen drahtlosen Internetanschluss haben, sodass man auch am Strand überall mit seinem Laptop in der Sonne sitzend online sein kann: Den Haag will nämlich auch die „**Hightech City**" der Niederlande werden.

Besonders attraktiv ist das Den Haager **Statenkwartier** ㉒, mit der „Fred", der Frederik Hendriklaan, als Haupt- und Einkaufsstraße. Hier wird vielerorts in den feinen Geschäften mehr Englisch als Niederländisch gesprochen, denn die meisten der rund 40.000 in der Stadt lebenden **ausländischen Fachkräfte**, kurz „Expats" genannt, wohnen hier. Das Statenkwartier, in dem sich auch die Deutsche Internationale Schule und das UN-Jugoslawien-Tribunal befinden, liegt zwischen Zentrum und Scheveningen, dazwischen wiederum liegen das **Diplomatenviertel** und das **Catshuis**, der offizielle Wohnsitz des jeweiligen Ministerpräsidenten des Landes, sowie der **Internationale Gerichtshof der UNO**.

027dh Abb.: ug

LOUIS COUPERUS

„Als ik iets ben dan ben ik Hagenaar" (*„Wenn ich etwas bin, dann bin ich ein Haager Bürger"*), sagte Louis Couperus (1863–1923), **Den Haager Schriftsteller** und Autor des inzwischen auch an Orginalschauplätzen verfilmten Romans „Eline Vere" und bekundet damit seine Liebe zu seiner Heimatstadt.

Louis Marie Anne Couperus wurde am 10. Juni 1863 in Den Haag geboren und war das jüngste von elf Kindern. Er entstammte einer großbürgerlichen Haager Familie, sein Vater John Ricus Couperus war „Raadsheer", also einer der königlichen Verwalter in der einstigen niederländischen Kolonie **„Nederlands Indie"**, dem heutigen **Indonesien.** Seine Mutter war die Gräfin Catharina Geertruida Reynst. Zwischen 1872 und 1878 lebte die Familie in **Batavia,** dem heutigen Jakarta, ansonsten in Den Haag.

Louis Couperus selbst verbrachte allerdings einen Großteil seines Lebens auf **ausgedehnten Reisen** und besuchte u. a. Skandinavien, England, Deutschland, Frankreich, Spanien, Niederländisch-Indien, Japan und Italien, bevor er 1915 nach Den Haag zurückkehrte. 1889 erschien sein Roman **„Eline Vere"**, der zuerst in Folgen im Feuilleton der Zeitung „Het Vaterland" (*„Das Vaterland"*) abgedruckt und ein großer Erfolg wurde. Die Geschichte der Romanheldin spielt im großbürgerlichen Haager und Brüsseler Milieu. Couperus beschreibt darin die vielen unglücklichen Lieben der Eline und das **gesellschaftliche Leben der damaligen Zeit.** Es ist ein Sittengemälde jener Epoche mit einer in der niederländischen Literatur bis dato wenig bekannten Romantik. Andere Werke von Couperus wie „Noodlot" (*„Schicksal"*) erregten ebenfalls internationales Aufsehen und sogar Oscar Wilde war ein „Fan" von Couperus.

Louis Couperus starb am 9. Mai 1923, kurz nachdem er für sein literarisches Lebenswerk zum **Ritter** geschlagen worden war. Das monumentale Haus, das sein vermögender Vater in der Surinamestraat 1884 bauen ließ und das bis vor kurzem die Residenz des ägyptischen Botschafters war, soll nun von einer „Couperus-Stiftung", in der sich namhafte niederländische Schriftsteller zusammengeschlossen haben, gekauft und als Museum eingerichtet werden.

Die vielen internationalen Organisationen in der Stadt haben aber auch einen entscheidenden Nachteil, über den sich viele Den Haager ärgern: Die **Preise** – insbesondere in den Restaurants – und die **Mieten** für

◀ *Im Rittersaal eröffnet die Königin jeden September das Parlament (s. S. 69)*

Wohnungen sind im nationalen Vergleich sehr hoch. Der Grund: Die vielen „Expats", aber auch einheimische Mitarbeiter der internationalen Gerichtshöfe oder der großen Konzerne verdienen meist sehr gut. Die Richter der internationalen Gerichtshöfe beziehen ihre hohen Gehälter beispielsweise auch noch steuerfrei und können sich die hohen Mieten ohne Problem leisten. Bei „Otto Normalverbraucher" sieht das natürlich anders aus.

Die **Den Haager** gelten andernorts in den Niederlanden als ein wenig hochnäsig. „Sie gehen mit dem Geigenkasten unterm Arm einkaufen", heißt es anderswo. Mag sein, dafür aber sind sie meist weitaus höflicher als so mancher Amsterdamer und mindestens genauso international orientiert. In der Stadt leben schätzungsweise **150 verschiedene Nationalitäten.** Es handelt sich also um eine echte Multikultistadt, doch das Zusammenleben so vieler verschiedener Kulturen führt auch zu **Spannungen,** etwa in den Stadtvierteln Transvaal oder Schilderswijk, die inzwischen hauptsächlich von „Allochtonen" bewohnt werden, wie Ausländer in den Niederlanden genannt werden. Die Spannungen sind aber zurzeit nicht nur für Den Haag typisch, sondern für die gesamten Niederlande. Mit dem Rechtspopulisten Geert Wilders an der Spitze hat sich eine Partei gegründet, die einen Einwanderungsstopp in den Niederlanden durchsetzen und die „Islamisierung" des Landes bekämpfen will.

▶ *Die OPCW, die Organisation für das Verbot chemischer Waffen*

DAS HAAGER JANTJE UND DER DEN HAAGER STORCH

Das **Den Haager Wappen** *besteht aus einem* **Storch,** *der einen Aal im Schnabel hat. Früher wurden im Hofvijver, dem kleinen See vor dem Parlament, Aale gezüchtet, weshalb viele Störche dorthin flogen, um auf Aaljagd zu gehen. Aus diesem Grund gehörten Störche lange Zeit einfach zum Stadtbild von Den Haag. Die Tiere gelten in den Niederlanden außerdem als Glücksbringer.*

Neben dem Storch als Wappentier steht aber auch noch das **Jantje,** *die Hauptfigur aus dem bekannten Kinderlied „In Den Haag da wohnt ein Graf", für die Stadt. Jedes Haager Kind lernt das Lied bereits im Kindergarten. Hier der Text (auf Deutsch):*

„In Den Haag da wohnt ein Graf und sein Sohn heißt Jantje. Wenn man fragt, wo wohnt dein Papa

Dann zeigt er es mit seiner Hand Mit seinem Finger, mit seinem Daumen Auf seinem Hut trägt er eine Feder An seinem Arm da hängt ein Korb Hallo mein liebes Jantje. "

Das Lied erzählt von Jantje, dem Sohn von Graf Floris V. Jantje war ein kränkelndes Kind und erregte das Mitleid der Zeitgenossen, denn der kleine Junge, der als einziger in der Familie Oranien-Nassau den Namen Jan trug - heute neben Henk der typischste niederländische Jungenname - starb schon im Alter von 13 Jahren. Das Denkmal für das Haager Jantje steht am Hofvijfer gegenüber dem Parlament und nur einen Katzensprung von der Residenz des deutschen Botschafters, Huis Schuylenburch ❹, entfernt.

DIE INTERNATIONALE ZONE VON DEN HAAG

Das Diplomatenviertel ist eine noble Gegend rund um und neben dem Stadtwald „Scheveningse Bosjes" und liegt exakt zwischen dem Den Haager Zentrum, dem Staatenquartier und dem Kurbad Scheveningen. Hier gilt Sicherheitsstufe eins, wenn der mutmaßliche Kriegsverbrecher Radovan Karadžić sich seinem Prozess im Den Haager UN-Tribunal stellen muss.

Feine **Botschafterresidenzen** gibt es hier *en masse*. Eine der schönsten ist sicher die des Botschafters von Luxemburg, weil sie einen prachtvollen großen Garten hat, in dem bei schönem Wetter im Juni alljährlich der Nationalfeiertag des Großherzogtums mit vielen prominenten Gästen gefeiert wird. Auch die Botschafterresidenzen Belgiens, Indiens, der USA, Frankreichs, des Iraks, der Schweiz und Indonesiens sind hier angesiedelt sowie auch die Vertretung des Vatikans. Früher – bis zum 3. Oktober 1990 – gab es hier auch eine diplomatische Vertretung der DDR. Der Botschafter der Bundesrepublik Deutschland residiert hier jedoch nicht, sondern wohnt im feudalen **Huis Schuylenburch** ❹ gegenüber dem Parlament am Hofvijver in einer nicht minder attraktiven Gegend Den Haags.

Auch der niederländische Regierungschef hat hier im Grüngürtel des Diplomatenviertels seinen offiziellen Amtssitz. Das sogenannte **Catshuis** liegt in einem Park direkt gegenüber dem Bel Air Hotel (s. S. 122) und ist von außen so gut wie nicht zu sehen. Die eigentliche „Diplomatenrennbahn" ist aber die **Eisenhowerlaan**. Sie ist die Achse, die fast alle wichtigen internationalen Institutionen, die hier angesiedelt sind, miteinander verbindet. Hier befindet sich auch das **UN-Tribunal zur Ahndung von Kriegsverbrechen in Ex-Jugoslawien,** wo momentan noch der Prozess gegen den mutmaßlichen Kriegsverbrecher **Radovan Karadžić** stattfindet. Er dürfte wohl noch einige Jahre dauern. Hier hinter dem Panzerglas der insgesamt drei Gerichtssäle des Tribunals musste sich auch der ehemalige jugoslawische Staatspräsident **Slobodan Milošević** verantworten. Ihm wurden nicht nur Kriegsverbrechen, sondern auch Völkermord vorgeworfen, doch sein Prozess konnte nicht zu Ende geführt werden, denn Milošević starb am 11. März 2006 an Herzversagen, nachdem sein Prozess schon vier Jahre gedauert hatte. Seine Schuld oder Unschuld an all den Gräueltaten in den drei Balkankriegen während der 1990er-Jahre konnte also nie geklärt werden.

Nachbar des Jugoslawientribunals ist das neben dem Bel Air Hotel (s. S. 122) liegende runde Gebäude der OPCW. **OPCW** steht für „Organisation for the Prohibition of Chemical Weapons", zu Deutsch die **Chemiewaffenabrüstungskonferenz.** Sie tagt hier regelmäßig und versucht nun schon seit mehr als einem Jahrzehnt, alle chemischen Waffen, die es auf der Welt gibt, in verantwortungsvoller Weise zu verschrotten. Eine Sisyphusarbeit.

Zwischen der OPCW und dem Jugoslawientribunal befindet sich das **Word Forum Convention Center,** ein riesiges Kongresszentrum. Hier fand im Jahr 2009 die große internationale Afghanistan-Konferenz statt. Früher war es aber auch für andere weltweit beachtete Aktivitäten bekannt, wie z. B. für das North Sea Jazz Festival, das aber jetzt nach Rotterdam abgewandert ist. Der Grund hierfür ist, dass eine weitere wichtige internationale und europäische Organisation hier neu baut. Es ist die europäische

polizeiliche Fahndungsbehörde **Europol.** Ihr neues Domizil entsteht direkt neben dem World Forum Convention Center und gegenüber dem Jugoslawien-Tribunal. Weil Europol für ihr neues Gebäude viel Platz brauchte, musste die große Konzerthalle des World Forums – die Staatenhal – abgerissen werden. In der Halle traten früher Jazz- und Blues-Größen wie John Lee Hooker oder Miles Davis auf. Jetzt wird von diesem Ort aus nach Verbrechern gefahndet.

Die Stadt Den Haag plant, dieses gesamte Gebiet rund um die Eisenhowerlaan bis hin zur Carnegielaan, wo im Friedenspalast **⑬** der Internationale Gerichtshof der Vereinten Nationen (IGH) residiert und tagt, zu einer internationalen Zone zu machen.

DEN HAAG ENTDECKEN

004dh Abb.: ug

Das Leben in Den Haag entdeckt man am besten vom Plein aus, dem quirligen Platz neben dem Parlament, dem Binnenhof. Hier ist fast rund und die Uhr immer etwas los. Im Sommer ist jedoch das Strandleben in Scheveningen angesagt: Hier gibt es dann coole Bars, Steaks vom Grill oder frische Seezunge und Austern.

RUND UM DEN BINNENHOF

Rund um den Binnenhof, das Parlamentsviertel, schlägt das Herz der Stadt. Ob am Plein, am Plaats oder am Buitenhof – überhall ist etwas los. Der Plein bietet Nachtleben, am Plaats gibt es schöne Shops, Restaurants und Cafés und gleich dahinter befinden sich die Haager Einkaufsmeilen.

❶ BINNENHOF ★★★ **[C8]**

Der Binnenhof ist ein mittelalterliches Gebäudeensemble, das an einer Seite von einem kleinen See eingegrenzt wird. Es ist das Herz der niederländischen Demokratie und dessen politisches Zentrum. Hier befinden sich die beiden Kammern des Parlaments, die Eerste Kamer (der Senat) und die Tweede Kamer (das Parlament). Zusammen bilden Eerste und Tweede Kamer die sogenannten Generalstaaten.

◀ *Vorseite: Madurodam* **㉔** – *Holland im Kleinformat*

Im Jahr 1229 kaufte **Floris IV., Graf von Holland**, an der Stelle des heutigen Binnenhofes Land, um sich ein Jagdschloss zu bauen. Sein Sohn, **Graf Willem II.**, errichtete dann zwischen 1248 und 1280 im gotischen Baustil den **Ridderzaal** („Rittersaal"), um den sich heute der gesamte Binnenhof gruppiert. Im Zweiten Weltkrieg wurde während der Besatzung der Niederlande durch die Nationalsozialisten (1940–1945) der von Adolf Hitler eingesetzte Österreicher Arthur Seyß-Inquart im Ridderzaal als „Reichskommissar für die besetzten Niederlande" installiert. Im Jahr 2006 wurde der Saal renoviert und der Baldachin des sich darin befindenden Throns entfernt.

Von der **Tweede Kamer**, dem eigentlichen Parlament der Niederlande, hat man direkten Zugang zum Ridderzaal, ebenso vom Sitz des Ministerpräsidenten, der im **Torentje**, einem Turm hinter dem Ridderzaal und direkt gegenüber dem Museum Mauritshuis ❷, residiert. Die jeweiligen niederländischen Ministerpräsidenten regieren bereits seit dem Jahr 1849, nachdem die Niederlande 1848 eine konstitutionelle Monarchie mit gewähltem Parlament geworden waren, vom Torentje aus.

Gegenüber dem Ridderzaal und noch vor dem Torentje befindet sich bei der Adresse Binnenhof 20 der Eingang zum **Treveszaal**, einem weiteren historischen Ort mitten im Haager Regierungsviertel. Hier wurde während des **Achtzigjährigen Krieges** (1568–1648) gegen die spanischen Habsburger regelmäßig mit den Spaniern verhandelt und 1608 der **zwölfjährige Waffenstillstand** („Twaalfjarig Bestand") geschlossen. Dieser Waffenstillstand machte es möglich, dass die damalige Republik

PARLAMENTSERÖFFNUNG

*Jedes Jahr am dritten Dienstag im September fährt die Goldene Kutsche mit Ihrer Majestät Beatrix, der **Königin der Niederlande**, am Binnenhof vor. Sie stoppt direkt vom dem **Rittersaal**, dem Herzstück des niederländischen Parlaments. Dann öffnen Lakaien die Tür, Ihre Majestät steigt aus, dreht sich zur Seite und verbeugt sich vor der blau-weiß-roten **Nationalflagge** der Niederlande mit dem „oranje wimpel" daran. Der orangefarbene Wimpel - Oranje ist die Farbe und der Name des niederländischen Königshauses von Oranien-Nassau - wird eigens zu diesem feierlichen Zweck an der niederländischen Trikolore angebracht. Noch während sich die Königin vor der Nationalflagge verbeugt, ertönt die **Nationalhymne** - die **Wilhelmus**. Sie beginnt mit den Worten „Wilhelm von Oranien bin ich, von deutschem Blut."*

*Nun schreitet die Königin die Treppen zum **Ridderzaal** („Rittersaal") empor. Sobald sie das große Eingangsportal zwischen den beiden Türmen durchschritten hat, erheben sich alle im Saal Anwesenden von ihren Stühlen, um Ihrer Majestät die Ehre zu erweisen. Diese schreitet nun mit erhobenem Haupt zu ihrem Thron, nimmt Platz und beginnt damit, ihre alljährliche **Thronrede** zu verlesen. Sie beginnt immer mit den Worten „Leden der Staaten Gene-*

ral", denn die Mitglieder der „Staaten General" (der Generalstaaten), das gewählte Parlament (Tweede Kamer) und der indirekt gewählte Senat (Eerste Kamer), haben sich versammelt, um zu lauschen, was die Königin in ihrer Thronrede zu verkünden hat.

*Die Thronrede ist ein Ritual, de facto aber keine Rede, die Königin Beatrix selbst verfasst hätte, sondern die **Erklärung der jeweils amtierenden Regierung**. Mit der Thronrede und diesem feierlichen Zeremoniell wird alljährlich die parlamentarische Sommerpause beendet und das neue parlamentarische Jahr eingeläutet.*

*Am Ende der Thronrede, die meist mit den Worten „Gott schütze sie" abgeschlossen wird, erhebt sich der **Parlamentspräsident** von seinem Stuhl und ruft „Lang lebe die Königin!" Dann schallt es von den anwesenden Parlamentariern zurück „Hurra, Hurra, Hurra!"*

*Es ist ein bewegendes politisches Schauspiel, theaterreif inszeniert, das hier alljährlich in Den Haag stattfindet. Wenn die Königin mit ihrer Goldenen Kutsche im Schritttempo durch die gesamte Innenstadt zum Binnenhof fährt, jubeln alljährlich Zehntausende begeisterte **Oranje-Fans** ihrem Staatsoberhaupt zu und rufen dann „Leve de Koningin, leve de Koningin!" - „Lang lebe die Königin!"*

der Vereinigten Niederlande zur Weltmacht aufsteigen und die Spanier als führende Seemacht ablösen konnte. Im Frieden zu Münster und Osnabrück 1648 – der in Deutschland auch den Dreißigjährigen Krieg beendete – wurde die Unabhängigkeit der

Republik der Vereinigten Niederlande erstmals international anerkannt.

Etwa hundert Meter vor dem Haupteingang zum Ridderzaal schmückt der goldfarbene, verzierte Brunnen **De Fontein** den Binnenhof. Er ist ein Werk des niederländischen Künstlers

029dh Abb.: ug

Pierre Cuypers und war eigentlich gar nicht für den Binnenhof bestimmt, sondern wurde für eine Ausstellung im Amsterdamer Rijksmuseum im Jahr 1883 geschmiedet. 1885 wurde Cuypers damit beauftragt, den Rittersaal neu zu gestalten, woraufhin der seinen Brunnen stattdessen hier aufstellen ließ. Von 2006 bis 2007 wurde De Fontein von Grund auf renoviert. Rund um den Brunnen ist zu lesen „Zum Gedächtnis an den Graf von Holland, König Willem II., den Förderer der städtischen Weisheiten, den Beschützer der Kunst, den Gründer der Schlösser in Den Haag und in Haarlem."

❮ Der Eintritt in den Binnenhof ist kostenlos. Man betritt das Gebäudeensemble entweder über den Plein oder über den Buitenhof (Straßenbahn 10, 16 und 17, Haltestelle Buitenhof)

❷ MAURITSHUIS ★★★ [D8]

Die angesehene New York Times stellte das Haager Museum und dessen Gemäldesammlung auf eine Stufe mit dem Louvre in Paris und dem Prado in Madrid. Und in der Tat gibt es im Mauritshuis großartige Kunst zu sehen.

Die gesamte Kollektion des Mauritshuis besteht derzeit aus **800 Gemälden, 50 Miniaturen** und **20 Skulpturen.** Hier kann man viele berühmte Werke der niederländischen Malerei und anderer europäischer Maler des 17. und des 18. Jahrhunderts für sich entdecken. Das bekannteste Gemälde ist natürlich „Het meisje met de parel" („**Das Mädchen mit dem Perlenohrring**") von **Johannes Vermeer**

▲ *Der Binnenhof mit dem Hofvijver: Hier tagt jeden Freitag der Ministerrat*

aus dem Jahr 1660. Wer das schöne Mädchen mit dem Perlenohrring war, ist ungewiss. Erst später bekam es in einem Roman und einem großen Hollywoodfilm eine Geschichte „angedichtet": Es soll sich um die 17-jährige Griet handeln, die im Hause der Familie Vermeer als Magd diente und dem Meister die Farben anrühren durfte. Der für seine Perfektion bekannte Vermeer schuf nur wenige Bilder pro Jahr, drei seiner insgesamt 40 Werke sind im Besitz des Mauritshuis, darunter auch „Die Ansicht von Delft".

Weitere Klassiker der königlichen Sammlung im Mauritshuis sind „Der Stier" von **Paulus Potter**, „Der Sündenfall des Adam im irdischen Paradies" von **Jan Brueghel dem Älteren,** das Selbstporträt des alternden **Rembrandt van Rijn** aus dem Jahr 1669 und das Portrait des Robert Cheseman, das **Hans Holbein der Jüngere** 1533 auf die Leinwand bannte, als wäre es eine Hochglanzfotografie. Natürlich fehlt auch der niederländische Maler **Jan Steen** nicht, der im 17. Jahrhundert lebte, dem „Goldenen Zeitalter" der Niederlande. Wenn die Deutschen sagen „Hier schaut's aus wie bei Hempels unter'm Sofa", dann sagen die Holländer „een huishouden van Jan Steen". Denn Jan Steen, Zeitgenosse Rembrandts und zeitweise Den Haager Bürger, malte Bilder, in denen es recht feuchtfröhlich, gar chaotisch zugeht. Ganze Familien, vom Säugling bis zum Großvater, sitzen um einen reich gedeckten Küchentisch. Es wird Musik gespielt, aus vollem Hals gesungen und leicht angetrunken getanzt. Auf dem Boden liegen Küchenabfälle, stehen Weinkrüge und mittendrin tummeln sich Hunde und Wein trinkende Kinder. Das Mauritshuis hat insgesamt 15 Bilder von Jan Steen in

seiner Sammlung, von denen derzeit drei besichtigt werden können.

Das **Gebäude** dieses besonderen Museums entstand ebenfalls im 17. Jahrhundert. Es grenzt an einer Seite an das Torentje, den kleinen Turm, in dem sich das Büro des Ministerpräsidenten der Niederlande befindet. Auf der anderen Seite wird das Mauritshuis vom Wasser des Hofvijvers umspült, einem idyllischen See mitten in der Stadt.

Seinen Namen verdankt das Mauritshuis dem holländischen Grafen **Johann Maurits van Nassau-Siegen.** Er war von 1636 bis 1644 Gouverneur einer niederländischen Kolonie in Brasilien und ließ sich dieses feudale Stadtschloss bauen, damit er es gemütlich hatte, wenn er aus der Ferne nach Den Haag zurückkehrte. Architekt des im Stil des niederländischen Klassizismus erbauten Mauritshuis war **Jacob van Campen** – der holländische Stararchitekt jener Zeit.

> **Mauritshuis,** Korte Vijverberg 8, www.mauritshuis.nl, Di.–Sa. 10–17 Uhr, So. und Feiertage 11–17 Uhr, 1. April–1. Sept. auch Mo. geöffnet, Eintritt: 10,50 €, Kinder bis 18 Jahre frei, Straßenbahn 10, 16 und 17, Haltestelle Korte Voorhout oder 10 Min zu Fuß vom Zentralbahnhof

EXTRAINFO

Die große Kunstspende
Im Jahr 2008 erhielt das Mauritshuis von der Bank-Giro-Lotterie rund 2,6 Millionen Euro als Spende. Geld, welches das Museum gut gebrauchen konnte, denn es plant eine Erweiterung: Vom Mauritshuis soll ein Tunnel zur gegenüberliegenden Sociëteit de Witte (s. S. 72) gegraben werden, in der dann ebenfalls Ausstellungen des Mauritshuis zu sehen sein werden.

❸ PLEIN ★ ★ ★ [D9]

Der Plein ist derzeit wohl der angesagteste Platz der Stadt, was das Nachtleben angeht. Hier wird jedem etwas geboten. Gleich nebenan befindet sich der Binnenhof, daher kann es passieren, dass man seinen Cocktail auch schon mal neben einem Minister trinkt. Durch diese Nähe zum Parlament finden auf dem Platz aber auch häufig politische Demonstrationen statt.

Der Plein liegt zwischen dem Parlamentsgebäude, der Sociëteit de Witte und den Straßen Korte und Lange Poten mitten in Den Haag. Hier befindet sich auch der **Haupteingang zum Binnenhof ❶**. Mitten auf dem Platz thront auf seinem Sockel die **Statue** Willem van Oranjes, dem „Vater" der Niederlande. Er und seine Nachfahren erkämpften im Achtzigjährigen Krieg die Unabhängigkeit von den spanischen Habsburgern.

Rund herum pulsiert das pralle Leben. Der Plein hat sich in den vergangenen Jahren zu einem der Hotspots Den Haags entwickelt. Das **Nachtleben** hier kann sich inzwischen mit dem des Leidseplein in Amsterdam ohne Weiteres messen. Auch viele Regierungsmitglieder und Parlamentarier kommen im Sommer gern zu einer kurzen Pause oder für ein Bierchen am Abend auf eine der vielen Terrassen des Plein.

In der Nacht vom 29. auf den 30. April (dem Nationalfeiertag der Niederlande) ist der Plein jedes Jahr das

■ SOCIËTEIT DE WITTE

*Wer die Stadt und **die feine Haager Gesellschaft** wirklich kennenlernen will, der sollte einmal einen festlichen Abend in der Haager Institution schlechthin, der Nieuwe of Littéraire Sociëteit De Witte verbringen. Es ist nur leider nicht so einfach, hineinzukommen, denn De Witte ist eine geschlossene - und eine sehr feine - Gesellschaft. Zutritt haben nur Mitglieder und Mitglied werden kann man nur, wenn man von einigen anderen Mitgliedern persönlich empfohlen wird und eine „Ballotage", eine Art Zulassungsprüfung, durchlaufen hat. Dann aber gehört man dazu: zur feinen Haager Gesellschaft, der Upperclass der Stadt und der Niederlande.*

Die Sociëteit De Witte, die beste bürgerliche Adresse Den Haags - nach der von Königin Beatrix und der des Ministerpräsidenten natürlich -, findet man am Plein 24, direkt gegenüber vom Mauritshuis ❷. Die Gesellschaft wurde am 2. Oktober 1802 als ein „Ort des geselligen Verkehrs und des erlaubten Ausgehens" gegründet. Heute hat De Witte etwa 3000 zahlende Mitglieder, die ein reges Sociëteits-Leben pflegen. Wer Mitglied ist, dem öffnen sich in der ganzen Welt viele exklusive Türen zu anderen Gesellschaften dieser Art - beispielsweise zum Hamburger Übersee-Club, dem International Club in Berlin, dem United Oxford & Cambridge University Club oder dem Nottingham Club in London, dem Williams Club in New York oder dem Cosmos Club in Washington D.C., dem American Club in Singapur, dem Kobe Club in Tokio, um nur einige der Topadressen zu nennen.

❯ *Sociëteit de Witte, Plein 24*

Zentrum der Koninginnenach und verwandelt sich in eine große **Musikbühne.** Hunderttausende feiern dann hier, im Binnenhof und an anderen Bühnen eins der größten Festivals der Niederlande. Aus ganz Holland strömen die Menschen hierher. In den vergangenen Jahren waren es jeweils zwischen 250.000 und 300.000.

❹ HUIS SCHUYLENBURCH ★ ★ ★ [D8]

Huis Schuylenburch ist zweifellos eine der schönsten Botschafterresidenzen in Den Haag. Vor hier aus kann man – mit einem guten Fernglas – dem jeweils amtierenden Ministerpräsidenten, der gegenüber in seinem Turm, dem Torentje, arbeitet, quasi auf den Schreibtisch gucken. Zwischen Huis Schuylenburch und dem Haager Parlament liegt der kleine See Hofvijver, der schon im 14. Jahrhundert von Graf Albrecht angelegt wurde.

Die Residenzen von Botschaftern sind in der Regel repräsentative Prachtbauten. Sie liegen meist an den schönsten Straßen und Plätzen in den jeweiligen Hauptstädten der Länder, in die Botschafter entsandt werden. Der jeweilige deutsche Botschafter in Den Haag aber kann für sich in Anspruch nehmen, dass er zudem in einem der **bedeutendsten Baudenkmäler der Stadt** residieren darf – dem Huis Schuylenburch, als direkter Nachbar des Den Haager Parlaments und der niederländischen Regierung.

Zu Beginn des 18. Jahrhunderts ließ der wohlhabende Den Haager Bürger Cornelis van Schuylenburch vom Baumeister Daniel Marot diese Residenz **im Stil Louis XIV.** errichten. Das Gesamtkunstwerk aus Architektur, Malerei und Stuckaturen ist bis heute in nahezu unveränderter Form erhalten.

1964 und zwischen 2001 und 2003 wurde das Gebäude von der Bundesrepublik Deutschland mit großem Finanzaufwand saniert, renoviert und behutsam modernisiert. Seither strahlen der **Grüne** und der **Gelbe Salon,** die **mondäne Eingangshalle,** das **Herren-** und das **Speisezimmer** in neuem Glanz, das von Jacob de Wit gefertigte Deckengemälde im Grünen Salon mit der Darstellung des himmlischen Bacchanals leuchtet wieder farbenprächtig und das Portrait der barbusigen Iphigenie im Treppenhaus ist wieder ein Augenschmaus für die Besucher und die Bewohner. Jedes Jahr am 3. Oktober, wenn der Botschafter anlässlich des deutschen Nationalfeiertags zum Empfang lädt, ist Huis Schuylenburch die Begegnungsstätte für „tout La Haye."

Mit dem Palais Beauharnais in Paris ist das Huis Schuylenburch die bauhistorisch bedeutendste und schönste Residenz der Bundesrepublik Deutschland im Ausland. Der Prachtbau wurde 1888, also noch unter dem Kanzler **Otto von Bismarck,** von Deutschland gekauft. Nach dem Zweiten Weltkrieg, als die Niederlande von Nazi-Deutschland erst überfallen und dann besetzt worden waren, wurde Huis Schuylenburch von der Haager Regierung als „feindliches Gut" konfisziert. Erst als die 1949 gegründete Bundesrepublik Deutschland und die Niederlande 1960 den Ausgleichsvertrag schlossen und die Bundesrepublik die Niederlande finanziell entschädigten, gab Den Haag den Stadtpalast zurück. Seither dient Huis Schuylenburch wieder als Residenz des deutschen Botschafters, der auch mit seiner Familie darin wohnt.

❯ **Huis Schuylenburch,** Lange Vijverberg 8. Eine Besichtigung ist leider nicht möglich.

❺ GEVANGENPOORT (GEFÄNGNISMUSEUM) ★★ [C8]

Auf der anderen, also der nordwestlichen Seite des Binnenhofs und des Pleins liegt der **Buitenhof** (übrigens bedeutet *binnen* „innen" und *buiten* „außen"). Dort gibt es ebenfalls viel zu sehen und zu erleben. So z. B. im Gevangenpoort: Das einstige Gefängnis mit seinen Folterkammern im ehemaligen Tor der Stadtmauer rund um den Binnenhof ❶ dokumentiert die Gräuel des Mittelalters, ist aber auch ein wichtiger Teil der niederländischen Geschichte und hat schreckliche, ja grausame Dinge zu erzählen. So etwa die Geschichte der Vierteilung der Gebrüder Cornelis und Johan de Witt, die hier 1672 wegen angeblichen Meineids und eines ihnen unterstellten Anschlags auf Graf Willem II. von der aufgebrachten Menge regelrecht gelyncht wurden. Die Gebrüder de Witt wurden inzwischen jedoch rehabilitiert – Jahrhunderte später.

❯ **Gevangenpoort**, Buitenhof 33, nordwestlich vom Binnenhof, Tel. 070 3460861, Straßenbahn 17, Haltestelle Buitenhof. Bei Drucklegung dieses CityTrips war der Gevangenpoort wegen Renovierung geschlossen. Die Neueröffnung ist für Sommer 2010 geplant. Weitere Informationen erhält man (auf Niederländisch) unter www.gevangenpoort.nl.

BARUCH DE SPINOZA

*Sowohl Amsterdam als auch Den Haag beanspruchen den großen Philosophen Baruch de Spinoza für sich. Der **portugiesische Jude** kam als Bento de Espinosa am 24. November 1632 in Amsterdam zur Welt. Genau wie René Descartes und Gottfried Leibniz war Spinoza ein **Philosoph des Rationalismus.** In seinem bekanntesten Werk, „Ethica", das erst nach seinem Tod erschien, schrieb er sein radikales Denken nieder. Spinoza war der erste große Philosoph, der die Existenz von Wundern infrage stellte und das sogenannte „Übernatürliche" anzweifelte. „Gott besteht nicht außerhalb der Natur, sondern wird personifiziert durch die Natur", schrieb er.*

*Seine radikalen Ideen brachten de Spinoza in Konflikt mit der jüdischen Gemeinde in Amsterdam, aus er am 27. Juli 1656 verbannt wurde. Der „Gesegnete", so die Bedeutung seines Vornamens, übersiedelte 1669 nach **Den Haag.** Zuerst wohnte er in der Veerkade und dann an der Paviljoensgracht bei dem Maler Hendrik van der Spyk. Im Jahr 1672 wurde er Zeuge, wie sein Freund und Beschützer, der Ratsherr Johan de Witt, und dessen Bruder Cornelis auf dem Plaats am heutigen Gevangenpoort von einer aufgebrachten Menge gelyncht wurden. De Spinoza war empört und verfasste das Traktat „Ultimi Barbarorum" („Ihr seid Barbaren").*

*Einen Ruf, um als Philosophieprofessor an die Universität von Heidelberg zu kommen, lehnt Spinoza 1673 ab. Am 21. Februar 1677 stirbt er im Alter von nur 44 Jahren in Den Haag an **Tuberkulose.** An der Paviljoensgracht, wo er lange wohnte, steht ein Denkmal, das dort 1880 enthüllt und von dem Bildhauer Frederic Hexamer modelliert wurde.*

030dh Abb.: dhm

❻ DIE PASSAGE
UND DER PLAATS ★ ★ ★   [C8]

Ein bisschen Mailand und Neapel in Den Haag – das findet man in der Haager Passage, wo es nicht nur gute italienische Restaurants, sondern auch noble Geschäfte, teure Juweliere sowie Süßwarenläden gibt, die köstliche belgische Pralinen anbieten. Der richtige Ort, um zu bummeln – nicht nur, wenn es regnet. Am Plaats kann man im dortigen Café Vienna Sachertorte oder einen Kaffee mit Schlagobers bestellen.

Die Passage ist die älteste überdachte Shoppingmeile der Niederlande. Sie wurde 1885 im Baustil der **Neorenaissance** mit einigen expressionistischen Zügen unter Leitung

▲ *Mailänder Flair und italienischen Kaffee gibt es in der Passage*

des Haager Architekten Petrus Josephus de Sonnavile gebaut, der auch an der architektonischen Konzeption des Kurhauses ❶❽ in Scheveningen beteiligt war.

Als die Passage mit der gläsernen Dachkuppel **Ende des 19. Jahrhunderts** ihre schmiedeeisernen Tore zum ersten Mal öffnete, machte sich in der Haager Society freudige Erregung breit. Man versprach sich von den stilvollen, überdachten Geschäften, dass sie Luxusartikel aus der Weltstadt Paris verkaufen würden. Und in der Tat, viele Geschäfte boten Duftendes und Kleidendes an, das per Post von der französischen Metropole nach Den Haag geschickt wurde. Endlich konnte die feinen Den Haager mit dem Rest Europas mithalten!

Nach dem Zweiten Weltkrieg wurde die einst prächtige Einkaufspassage lange sich selbst überlassen. Es gab keine Investoren, die sich an die teure Renovierung wagten. Erst vor wenigen Jahren beschloss der

Stadtrat endlich, dem historischen Monument ein Facelift zu geben und nun strahlt die Den Haager Passage wieder in ihrem alten Glanz.

Die **Geschäfte** sind in der gehobenen Klasse angesiedelt: u. a. ein Fachgeschäft für Füller, ein Küchengeschäft, eine Buchhandlung mit Café, Kosmetik, Designgeschenke, Kinderschuhe, Modegeschäfte und zwei sehr schöne Bistros.

> **Passage**, Den Haag, Mo.–Sa. 9–18 Uhr, Do. bis 21 Uhr, Straßenbahn 9 oder 17, Haltestelle Buitenhof

Der **Plaats** (Platz), an dem sich heute zahlreiche Restaurants und edle Modegeschäfte befinden, war im Mittelalter der Garten der Grafen von Holland. Der Platz befindet sich zwischen Binnenhof ➊, Buitenhof und Hoogstraat und ist ein weiteres Den Haager Fleckchen mit Geschichte. So arbeitete in Haus Nr. 14 vom August 1869 bis Juni 1973 **Vincent van Gogh** im damaligen Kunsthandel Goupil. Aber auch eine blutige Geschichte hat der Plaats, denn hier fanden vom 14. bis zum 18. Jahrhundert die **Hinrichtungen** verurteilter Gewaltverbrecher bzw. solcher, die dafür gehalten wurden, statt. Auch die Gebrüder de Witt (s. S. 74) starben hier. Einem der beiden, Johan de Witt, setzte man 1918 auf dem Plaats ein Denkmal, denn beide Brüder wurden längst rehabilitiert. Man achte auf den rechten Zeigefinger der Statue. Er zeigt dorthin, wo de Witt 1672 ermordet wurde.

➐ HET OUDE STADHUIS (DAS ALTE RATHAUS) ★ ★ [C8]

Das alte Rathaus von Den Haag ist eines der schönsten **Renaissancegebäude** der niederländischen Regierungsmetropole. Es befindet sich

am Groenmarkt, wurde im Jahre 1564 erbaut und ist eines der wenigen Rathäuser der Niederlande, das keinen großen Platz um sich herum hat, dafür aber einen **Turm** besitzt. Es steht auf exakt dem Platz, an dem die reichen „Heren van Brederode", ein berühmtes, bereits ausgestorbenes niederländisches Adelsgeschlecht, früher ihr **Stadtschloss** hatten. Letzteres wurde aber konfisziert, weil die „Heren" angeblich an der Ermordung der Mätresse von Graf Albrecht von Holland beteiligt waren. Das Stadtschloss diente dann als „Haagse Dorpshuys" (Rathaus), wurde aber abgerissen, um für das sich nun hier befindende Gebäude Platz zu schaffen.

Seit das vom amerikanischen Stararchitekten Richard Meier geplante **Neue Rathaus** ➍ an der Spui in Gebrauch genommen wurde, wird das Oude Stadhuis immer noch als Dependance genutzt. Wegen seiner zentralen Lage, der unvergleichlichen Architektur und der feudalen

VON DER LANGE VOORHOUT ZUM ANTIQUITÄTENVIERTEL

Von der Lange Voorhout zum Antiquitätenviertel Noordeinde – einen schöneren Spaziergang durch Den Haag gibt es kaum, besonders zwischen Februar und Oktober. Ende Februar blühen hier prächtig die Krokusse, von März bis Oktober findet immer donnerstags und sonntags der große Antiquitätenmarkt statt, die Lindenalleen spenden im Sommer Schatten, das Hotel Des Indes lädt sonntags zum Tee und das Escher Museum (s. S. 49) inspiriert den Besucher.

⑧ LANGE VOORHOUT ★★★ [D8]

Wer in Den Haag flanieren will, der sollte über die Lange Voorhout schlendern – am besten donnerstags und sonntags, wenn hier der Antiquitätenmarkt stattfindet. Oder man geht zum Tee ins Hotel Des Indes, wo sich die Haager High Society trifft.

Der **L-förmige Platz** wurde im 15. Jahrhundert als neues und elegantes Wohnviertel für gut betuchte Bürger angelegt. **Berühmt** ist er aus vielerlei Gründen: wegen seiner breiten Lindenalleen, der farbenprächtigen Krokusblüten, die hier jedes Jahr im Februar zu sehen sind, dem Antiquitätenmarkt (s. S. 78), der Klosterkirche (Kloosterkerk, s. S. 79), dem Hotel Des Indes ⑨, dem schmalsten Haus von Den Haag, dem Sitz des höchsten Gerichts der Niederlande (dem Hoge Raad), dem Künstlertreffpunkt Pulchri Studio, dem Museum Escher (s. S. 49) im einstigen königlichen Palast, dem Denkmal für Herzog Karl Bernhard von Sachsen-

Innenausstattung finden hier noch immer regelmäßig Empfänge statt, es werden Hochzeiten geschlossen und Geburten angemeldet. Vor allem dann, wenn die **königliche Familie** Nachwuchs hat, dient das alte Den Haager Rathaus als schöne Kulisse für die Eintragung der Neugeborenen ins Einwohnermelderegister. Kronprinz Willem-Alexander und Prinzessin Maxima meldeten hier ihre drei Töchter, die Prinzessinnen Catharina-Amalia, Alexia und Ariane, an. Unten, in den früheren Katakomben des alten Rathauses, befindet sich heute ein Restaurant.

❯ **Het Oude Stadhuis,** Grote Halstraat 1, Den Haag, Straßenbahn 17 bis Haltestelle Buitenhof, dann circa 300 m zu Fuß in Richtung Osten. Eine Besichtigung von innen ist leider nicht möglich.

◀ *Wird heute gern als Standesamt genutzt: das alte Renaissancerathaus*

Kunst- und Antikmarkt

Antiquitäten und Den Haag – das gehört zusammen wie die Nordsee und Scheveningen. Das Highlight für Liebhaber von Antiquitäten aller Art ist aber der Markt für Kuriosa aus aller Herren Länder und verschiedenen Epochen auf der Lange Voorhout. Zweimal wöchentlich, donnerstags und sonntags von 10 bis 18 Uhr, findet dieser Markt der Märkte auf dem von Linden gesäumten Platz statt – aber nur von April bis Oktober. Im Winter ist Pause, dafür gibt es dann einen Buchmarkt mit Antiquariat und Antiquitäten auf dem Plein ❸ und an vielen Stellen in der Stadt wie z. B. im Denneweg oder in der noblen Straße Noordeinde gibt es sonst Antiquariate, in denen man Stunden verbringen kann.

Weimar, kulinarischen Institutionen wie dem Restaurant Saur (s. S. 31) und dem Sitz des Johanniter Ordens sowie eines der nobelsten Bankhäuser der Niederlande, F. van Lanschot Bankiers.

Berühmt ist auch der niederländische **Stabreim** „Liesje Leerde Lotje Lopen Langs de Lange Lindelaan" („Liesje lehrte Lotje das Laufen Langs (entlang) der Lange Lindelaan"), den jedes Kind in Holland in der Schule lernt. Lange Lindelaan – so wurde die Lange Voorhout früher im Volksmund wegen ihrer Linden auch genannt.

Der Platz war und ist **Treffpunkt** und Begegnungsort der Haager *beau monde*, der **Künstler** und **Literaten**, des **Großbürgertums**, der **Banker**, **Politiker** und **Geschäftsleute**. Nur zwischen 1811 und 1813, **zum Ende der französischen Besatzung**, drohte die Lange Voorhout herunterzukommen und zu verludern. Sie wurde in

DIE KIRCHE VON KÖNIGIN BEATRIX

Die Kloosterkerk (Lange Voorhout Nr. 2) ist eines der ältesten Gebäude an der Lange Voorhout. Man nennt sie auch „die Kirche von Königin Beatrix", weil das niederländische Staatsoberhaupt hier sonntags regelmäßig die Gottesdienste besucht, meist mit weiteren Mitgliedern der königlichen Familie. Die **protestantische Kirche** *begrenzt die Lange Voorhout zum Tournoiveld hin, hinter dem sich auf der Straße Noordeinde, das Stadtschloss Palais Noordeinde* ⓫ *befindet.*

Ursprünglich als katholische Kirche und für die Dominikaner auch als Kloster in Diensten, wurde die Kloosterkerk nach der Reformation ab dem Jahr 1617 von den Protestanten und den Calvinisten als Gotteshaus genutzt. Im Jahr 1625 heirateten dort Prinz Frederik Hendrik und Amalia von Solms.

Während der Besatzung der Niederlande durch Nazi-Deutschland wurden Teile der Kirche abgerissen und Kunstschätze, die sich darin befanden, geraubt. Nach dem Krieg wurde die Kloosterkerk allerdings vollständig renoviert und erstrahlt nun wieder im alten Glanz.

„Cour Napoleon" umbenannt und zweifelhafte Gestalten machten den Platz zu ihrem Refugium, was sich nach der Befreiung der Niederlande aber wieder rasch änderte. Auch wurde der alte niederländische Name sofort wieder verwendet.

Man sagt heute, die Lange Voorhout (*hout* bedeutet „Wald" oder „Holz") sei der **schönste Platz der Niederlande.** War hier vor einigen Jahren noch der schönste Parkplatz der Niederlande, so hat man inzwischen die Autos von diesem Kleinod weitgehend, aber noch nicht ganz, verbannt. Doch es wurde auch investiert: Der schöne Weg in der Mitte des Platzes ist heute vier Meter breiter und wurde – so wie es früher

überall in Holland üblich war – mit einer Schicht **Muscheln** bedeckt. Man setzt seine Füße also nicht auf Kiesel, wenn man über die Lange Voorhout läuft, sondern auf kleine Muschelstücke. Ganz wichtig war dabei, die richtige Muschelart zu finden. Es sollten nicht die braun- sondern die grauschimmernden sein! Doch nicht nur die grauen Muscheln tragen ihren Teil dazu bei, die Lange Voorhout wieder in ihrer alten Pracht erstrahlen zu lassen, auch die stilvollen **Laternen** und die sogenannten **„Läusebänke"** helfen dabei. Der Name „Läusebänke" kommt daher, weil die Bänke an beiden Seiten Sitzflächen haben und die Passanten somit Rücken an Rücken und Kopf an Kopf sitzen – Idealbedingungen für Läuse eben. So sitzen die Den Haager heute gemütlich Kopf an Kopf auf der Lange Voorhout unter **prächtigen Linden.** Die Bäume sind übrigens so sensibel, dass ihnen bei der Platzrenovierung gleich Dünger für die nächsten Jahre mit in die

◄ *Frühlingserwachen an einem der schönsten Plätze Hollands: die Lange Voorhout mit dem Hotel Des Indes* ❾

DAS RESTAURANT SAUR – EINE HAAGER INSTITUTION

*Der **Fischhändler Frits Saur** hatte eine geniale Idee: Am 22. Oktober 1928 eröffnete er an der Lange Voorhout ein nach ihm benanntes Restaurant. Er ließ ausschließlich Fisch und Schalentiere servieren und betrieb außerdem im Erdgeschoss seinen Fischhandel weiter.*

*Wie der Vater so der Sohn: Bob Saur übernahm das Restaurant in den 1930er-Jahren von seinem Vater und richtete dort, wo der Fischhandel war, eine **Austernbar** („de Oesterbar") ein. Ein kulinarischer Volltreffer, wie sich herausstellte, denn die Haager Schickeria kehrte vor und nach ihren Theaterbesuchen in der gegenüber gelegenen Stadschouwburg oder dem anderen Theater an der Lange Voorhout, dem Diligentia, nun regelmäßig bei Saur ein, um Austern zu schlürfen und einen fruchtigen Chablis oder prickelnden Champagner zu genießen. So wurde das Saur zum Inbegriff des Haager Fischrestaurants und zu einer **Haager Institution**. NATO-Generalsekretär Joseph Luns machte es zu seinem Wohnzimmer, wenn er in Den*

*Haag weilte, und auch der frühere Ministerpräsident der Niederlande, Ruud Lubbers, tafelte regelmäßig hier. Auch heute sieht man im Saur alles, was in Den Haag **Rang und Namen** hat.*

Nach einer langen und gründlichen Renovierung übernahmen Lucien Bastiaan und dessen Frau Bahija el Haidar im Jahr 2008 das Restaurant (s. S. 31). In kürzester Zeit schafften sie, was niemand für möglich hielt: Sie hauchten dem Saur neues Leben ein – kulinarisch und architektonisch. „Das Saur ist jetzt eine Melange aus einem Bistro aus dem Montparnasse des 19. Jahrhunderts und einem trendy Restaurant, wie man es heute auch in New York findet", urteilt der Restaurantkritiker Casper Postmaa. Lucien Bastiaan kocht die Sterne vom Himmel. Seine Königskrabbe mit Zitrone oder seine Kartoffeln mit schwarzen Trüffeln und natürlich auch die ganz in der Tradition des Hauses stehenden Austern in verschiedenen Variationen sind ein Muss, wenn man sich in Den Haag kulinarisch verwöhnen lassen will.

Erde eingegraben wurde. Spezialkonstruktionen an den Wurzeln sorgen dafür, dass sie sich an diesem wunderschönen Platz so richtig wohl fühlen. Im Sommer ist die Lange Voorhout am schönsten, denn dann findet hier das **Skulpturenfestival** statt und berühmte Künstler wie Botero und Marín stellen in jährlich wechselnden Ausstellungen ihre Werke aus.

> **Lange Voorhout**, Straßenbahn 10 und 17, Bus 22 und 24, Haltestelle Kneuterdijk

🔴 9 HOTEL DES INDES ★ ★ [D8]

Die **gelbe Außenfassade** steht im Sommer im Kontrast zum satten Grün der Lindenbäume. Schon allein wegen seines Äußeren ist das Hotel Des Indes an der Lange Voorhout daher nicht zu übersehen. Die Farbe verleiht dem ersten Haus am Platz etwas Mondänes, das sich im Inneren des zur Luxury Collection der Starwood-Hotelgruppe gehörenden Hauses fortsetzt.

Das Hotel Des Indes ist für Den Haag, was das Adlon für Berlin ist: *the place to be* – und das nicht erst seit heute, sondern bereits seit seiner Eröffnung durch Prinz Frederik van Oranje am 1. Mai 1881. Gebaut wurde das Haager **Nobelhotel** 1858 allerdings als standesgemäßer Wohnsitz für den steinreichen Baron van Brienen van de Groote Lindten en Dortsmunde, einen der engsten Berater von König Willem III.

Viele bekannte und gekrönte Häupter haben im Des Indes bereits genächtigt, rauschende Feste gefeiert, getanzt, getrunken, geflirtet und Geschäfte gemacht. Thomas Mann logierte hier ebenso wie Theodore Roosevelt, Dwight D. Eisenhower, Haile Selassie, der Kaiser von Äthiopien, die Doppelspionin Mata Hari, die russische Startänzerin Anna Pavlova, Charles Lindbergh, Igor Strawinsky, Paul Kruger, Tony Blair, die Rolling Stones, Prince und die Spice Girls.

Das Hotel Des Indes ist die „Grand Dame" unter den Den Haager Tophotels, zu denen auch das Steigenberger Kurhaus ⑱ in Scheveningen und das Crowne Plaza Hotel (s. S. 122) gehören. Aber Des Indes ist noch mehr, es ist eine Institution, die nicht nur vom Namen her an die **koloniale Vergangenheit der Niederlande** erinnert, als diese Indonesien noch als Kolonie besaßen. Es ist nach wie vor der Treffpunkt zum *high tea* am Sonntagnachmittag, bei dem sich die Den Haager High Society gern trifft, und *die* Adresse, um große Feste zu feiern und – wie es heute heißt – Networking zu betreiben. In der Hotelbar mixt außerdem der immer freundliche Barkeeper die besten Cocktails oder schenkt die edelsten Weine aus, die

hervorragend zu den Gerichten von Chefkoch Ben Hardeman passen, die dieser im **Belle-Epoche-Restaurant** serviert.

Zwischen 2004 und 2006 wurde Des Indes mit einem Aufwand von 36 Mio. Euro grundlegend renoviert. Es bietet nun auch einen modernen **Wellnessbereich** und modernste Technologie in den neuen Zimmern oder der Präsidentensuite, die ab 1500 € die Nacht zu haben ist.

Die **Innenausstattung** wurde von dem französischen Architekten Jacques Garcia entworfen, der auf satte dunkelrote Farben setzte, was dem einst so hellen, von einer Glaskuppel überdachten Foyer leider einen Teil seines früheren so luftigen und frischen Charmes raubte.

❯ **Hotel Des Indes,** Lange Voorhout 54 – 56, Zentrum, www.hoteldesindes.nl, Tel. 070 3612345, Straßenbahn 16, 17, Haltestelle Korte Voorhout oder Straßenbahn 9, Haltestelle Malieveld

▲ *Wo Prinzen übernachten und Politiker dinieren – das Hotel Des Indes*

033dh Abb.: nbtc

⑩ DENNEWEG ★★ [D8]

Das Viertel zwischen Lange Voorhout ⑧, Denneweg, Fredrikstraat und Mallemolen ist die wohl attraktivste Gegend Den Haags. Hier reihen sich **modische Boutiquen, urige Kneipen, angesagte Restaurants, noble Weinläden** wie De Gouden Ton (Denneweg 81) oder das Huis van Arkel (Denneweg 11) und **edle Antiquitätenländen** aneinander und **Marlies Dekkers**, die holländische Dessouskönigin, hat hier ihren Lingerie-Shop (s. S. 26).

Direkt gegenüber, im Café 2005 und im Café Voorhout (Denneweg 7E), trifft sich *tout La Haye* zum *borrel,* dem Drink nach Feierabend. Zum Lunch oder zum Dinner geht es ins Restaurant Maxime (Denneweg 10B), das Café Dendy (Hooistraat 1/ Ecke Denneweg) oder in die Taverne De Resident (Denneweg 58), ins Fischrestaurant Les Ombrelles (Hooistraat 4A), ins Bistro Oker (Denneweg 71) oder zu Dekxels (s. S. 37). Ein echter Tipp ist das Fischrestaurant Viszooi (s. S. 35), das man über einen kleinen Steg, der am Café De Landman (s. S. 116) vorbeiführt, erreicht. Schräg gegenüber vom Viszooi befindet sich auch das italienische Restaurant Impero Romano (s. S. 35).

Am Wochenende tobt um den Denneweg das Nachtleben und in warmen Sommernächten gibt es kaum noch ein Durchkommen. Dennoch sollte man über den Denneweg schlendern, wenn man in Den Haag ist, denn hier trifft man interessante Leute und es entfaltet sich eine unvergleichliche Melange aus Kunst, Kultur und Kulinarischem. Am nördlichen Ende des Dennewegs sollte man unbedingt die Mauritskade – eine breite Verkehrsader – überqueren und dann weiter in die Frederikstraat und zu den Mallemolen gehen. Die **Frederikstraat** ist eigentlich die Fortsetzung des Dennewegs, hat sich aber inzwischen zu einer noch schickeren **Flaniermeile** gemausert, nachdem sie erneuert wurde und zusätzlich zu den roten Pflastersteinen auch Bäume erhielt. In Andermans Keuken („Die Küche der Anderen", Frederikstraat 56) isst man hervorragend. Sogar die Schickimicki-Szene aus dem Haager Villenvorort Wassenaar fährt extra hierher, um auf der Frederikstraat zu speisen.

Richtig gemütlich wird es dann, wenn man am Ende der Frederikstraat nach rechts schwenkt, in den **Mallemolen** („die verrückten Mühlen"), eine der schönsten Ecken in Den Haag und eine kleine, aber feine Amüsierzone, in der sich die Stadt am ursprünglichsten erleben lässt. In Café De Kleine Witte (Mallemolen 31) beispielsweise oder im Mochi (s. S. 32), wo die euro-asiatische *fashion cuisine* vom Feinsten geboten wird.

◀ *Der Denneweg - Wein trinken zwischen Antiquitäten und Dessous*

▶ *Das Paleis Noordeinde - so schön arbeitet die Königin*

VON NOORDEINDE ZUM FRIEDENSPALAST

Noordeinde mit dem gleichnamigen Paleis Noordeinde als Mittelpunkt ist wohl die nobelste Straße Den Haags. Man achte auf die Fahnenstange auf dem Dach des Palasts: Wenn dort die Oranje-Flagge weht, dann ist Königin Beatrix anwesend.

🔴 PALEIS NOORDEINDE (KÖNIGLICHER PALAST) ★ ★ ★ [C8]

Schloss Noordeinde ist der Arbeitsplatz der niederländischen Königin. Hier beginnt und endet jedes Jahr am Prinsjesdag die Fahrt der Goldenen Kutsche von Königin Beatrix zur Parlamentseröffnung im Binnenhof und hier finden auch die medienwirksamen Balkonszenen statt, bei denen Königin Beatrix, Kronprinz Willem-Alexander und Prinzessin Maxima dem Volk zujubeln.

Immer wenn die Oranje-Flagge auf dem Königlichen Palast weht, wissen die Den Haager Bürger, dass Ihre Majestät, Königin Beatrix, an ihrem Schreibisch sitzt, denn Schloss Noordeinde ist der **Arbeitspalast** des niederländischen Staatsoberhauptes. Hier empfängt die Königin der Niederlande Staatsgäste und beherbergt sie auch im Gästetrakt und von hier aus bricht sie jeden dritten Dienstag im September mit ihrer Goldenen Kutsche auf, um dann im Binnenhof 🔴 das Parlament zu eröffnen (s. S. 69).

An der Hinterseite wird der Palast in Richtung Prinssewal von einem prächtigen Stadtpark, dem Paleistuin, umgeben, der teilweise für die Öffentlichkeit zugänglich ist. Daneben befinden sich die Koninklijke Stallen – das königliche Gestüt. Hier ist auch die Goldene Kutsche der Königin untergebracht.

An der Vorderseite des Schlosses bewacht das **Denkmal Willem van Oranjes**, eines Vorfahren von Königin Beatrix, den man den „Vater des Vaterlands" nennt, hoch zu Ross den

035dh Abb.: ug

Palast und die sich anschließende Nobelmeile Noordeinde. Hinter ihm befindet sich auch noch ein Denkmal für eine seiner Nachfolgerinnen, **Königin Wilhelmina.**

Palast Noordeinde hat eine lange und **bewegte Geschichte.** Das ursprüngliche Gebäude, von dem heute nicht mehr viel steht, wurde 1533 erbaut. Erst 1675 kam es in den Besitz des damaligen holländischen Statthalters Wilhelm III., der es 1702 an das Preußische Königshaus verkaufte. Friedrich der Große wollte die Immobilie in Den Haag aber wieder loswerden und gab sie an Wilhelm IV. der Niederlande ab, wahrscheinlich mit hohem Gewinn.

Nach der Besatzung der Niederlande durch Napoleon (1795–1813), während der der Palast vom französischen Staat beschlagnahmt worden war, gelangte das Paleis Noordeinde wieder in den Besitz des Hauses Oranien-Nassau, das durch die französischen Besatzer von ehemaligen niederländischen Grafen und sogenannten „Statthaltern" in den königlichen Status erhoben worden war. König Willem I. der Niederlande nutzte Palais Noordeinde als „Winterpalais."

❯ **Paleis Noordeinde,** Straßenbahn 16 und 17, Haltestelle Buitenhof. Eine Besichtigung ist leider nicht möglich.

⓬ PANORAMA MESDAG ★★★ [C7]

Man besucht ein Museum und steht plötzlich inmitten des größten Gemäldes der Niederlande. Inmitten? Genau, denn das Bild, auf dem der Künstler Hendrik Willem Mesdag den Strand von Scheveningen im Jahr 1880, die alten Fischerboote, das Meer und den Himmel malte, befindet sich rund um den Besucher herum.

Das 14 m hohe und 120 m lange Bild ist das älteste Panorama der Welt, das sich noch an seinem ursprünglichen Ausstellungsort befindet.

Hendrik Willem Mesdag war bereits 35 Jahre alt und Familienvater, als er beschloss, Maler zu werden. Dazu ging er nach Brüssel und dort bei **Willem Roelofs** in Lehre. Im Jahr 1869 zog er dann mit seiner Familie nach Den Haag, wo er schnell ein gefeierter Maler und ein bedeutendes Mitglied der Kunstszene wurde. In dieser Zeit, Ende des 19. Jahrhunderts, herrschte in Belgien eine wahre Panoramen-Manie. Durch die **Standardisierung der Panoramen** auf einen Durchmesser von 36 m konnten sie miteinander **ausgetauscht** werden. Sie wurden per Kutsche oder Güterzug durch ganz Europa transportiert und an immer wieder wechselnden Orten ausgestellt. So bekam auch der einfache Bürger einen Eindruck von der großen weiten Welt.

Hendrik Willem Mesdag erhielt von Brüsseler Unternehmern den Auftrag, ein „maritimes Haager Panorama" zu malen. Dazu trommelte er vier Maler und seine Frau Sientje zusammen, nahm einige seiner bereits gefertigten Studien von Strand und Meer – und schon nach vier Monaten war das **Panorama von Scheveningen** fertig! Gemalt wurde es von der höchsten Düne Den Haags, der Seinpostdüne aus. Hier befinden sich heute ein Apartmenthaus und das Sternerestaurant Seinpost (s. S. 34). Von der Düne aus hatte Mesdag einen fantastischen Blick auf das Meer, die flachen Boote, die mit Pferden an den Strand gezogen wurden, das ehemalige Badehaus und das alte Dorf Scheveningen, in dem im Jahr 1880 nur 2000 Häuser standen. Ebenfalls auf dem Panorama abgebildet sind Mesdags Frau

Sientje beim Malen, die erste Dampf-straßenbahn der Niederlande, Artille-rietruppen beim Üben am Strand und in der Ferne die alte Stadt Den Haag mit ihren Kirchtürmen.

Die feierliche **Einweihung** des Pan-oramas erfolgte am 1. August 1881 in der Zeestraat, wo sich das Bild auch heute noch befindet. Leider ließ das öffentliche Interesse an Panora-men jedoch nach und nur vier Jahre nach der Eröffnung ging das Muse-um, in dem sich das Panorama Mes-dag befindet, **in Konkurs.**

Dies ging dem Maler dermaßen ans Herz, dass er und seine Frau Sientje beschlossen, das Panorama zu kaufen. Noch heute ist das Pan-orama Mesdag in **Familienbesitz** und wird nicht staatlich subventio-niert. Heute lassen sich jährlich über 200.000 Besucher vom alten Sche-veningen und dem Meer verzaubern, wie es Hendrik Willem Mesdag so eindrucksvoll festgehalten hat. Alle Einnahmen des Museums fließen in die Instandhaltung des Kunstwerkes. So wurde das Gemälde beispielswei-se in den 1980er-Jahren komplett restauriert. Die 1680 m² große Lein-wand musste durch eine weitere Leinwand an der Rückseite des Ge-mäldes verstärkt werden. Ein Vorha-ben, das bisher noch nie so durchge-führt wurde!

Tipp: Wer an der Kasse Bescheid gibt, bekommt sieben Minuten lang in seiner Muttersprache per Audioguide alle wichtigen Informationen über das Panorama mitgeteilt – und zwar, wäh-rend man im Panorama steht, sodass auch alle Details betrachtet werden können. Und wer an den Strand von Scheveningen geht und sich vor das Restaurant Seinpost stellt, kann heu-te noch die gleiche Aussicht genießen wie damals Mesdag.

› **Panorama Mesdag**, Zeestraat 65, www.panorama-mesdag.nl (auch auf deutsch), Mo.–Sa. 10–17 Uhr, So. und Feiertage 12–17 Uhr, Eintritt: 6 €, Kinder bis 12 Jahre 2,50 €, Schüler und Stu-denten 5 €, Bus 20 und 24, Haltestelle Alexanderplein

⑬ VREDESPALEIS (FRIEDENSPALAST) ★ ★ ★   [C6]

Er ist monumental und einer der op-tischen Eichpunkte im Haager Stadt-teil Archipel/Zeeheldenquartier – der Friedenspalast. Hier wird internatio-nales Völkerrecht geschrieben und in Urteile gegossen.

Der Friedenspalast beherbergt den 1946 gegründeten **Internatio-nalen Gerichtshof der UNO (IGH),** die **Akademie für Internationa-les Recht** und eine der größten **Bi-bliotheken** der Welt **zum Thema Völkerrecht.** Der IGH wurde nach Ende des Zweiten Weltkrieges als

▲ *Panorama Mesdag – das größte Gemälde der Niederlande zeigt das alte Scheveningen*

FRIEDEN, RECHT UND SICHERHEIT

*Den Haag ist **Hauptstadt der internationalen Gerichtsbarkeit** und **Wiege des Völkerrechts**. Der Bürgermeister der Stadt, Jozias van Aartsen, ist stolz darauf und lässt den Hinweis darauf in keiner seiner Reden aus. Anlässlich des 60. Jubiläums der Erklärung der universalen Menschenrechte durch die UNO, die am 10. Dezember 1948 verkündet wurden, ist dieser Hinweis heute noch aktueller denn je, da in vielen Teilen der Welt noch immer Menschenrechte verletzt werden.*

*Den Haag spielte in der Entwicklung und Durchsetzung der **Menschenrechte** sowie des **internationalen Völkerrechts** schon immer eine wichtige Rolle. In der niederländischen Regierungsmetropole fanden 1893 und 1907 die ersten internationalen Friedenskonferenzen statt – damals auf Initiative des russischen Zaren Nikolaus II. Diese Friedenskonferenzen, die als die Wiege der UNO und des Völkerrechts gelten, führten damals zur Gründung des ersten internationalen Völkerrechtsorgans – dem **Internationalen Schiedsgericht**. Es arbeitet und residiert seither in Den Haag, genauer gesagt im Vredespaleis ⑬, dessen Grundstein im Jahr 1907 beim Abschluss der zweiten Den Haager Friedenskonferenz gelegt wurde.*

*Der Friedenspalast beherbergt heute z. B. außerdem den 1946 gegründeten **Internationalen Gerichtshof der UNO**, den IGH, der nach Ende des Zweiten Weltkrieges die Nachfolgeorganisation des Permanenten Hofes für Internationale Gerichtsbarkeit (1922-1946) des Völkerbundes (der Vorläuferorganisation der UNO) wurde. Heute ist der IGH so etwas wie das „oberste Weltgericht". Er ist allerdings nur für völkerrechtliche Konflikte zwischen Staaten zuständig, nicht für internationale Strafrechtsangelegenheiten gegen Einzelpersonen. Über Letztere richtet der ebenfalls in Den Haag ansässige **Internationale Strafgerichtshof (IStGH)** – auf Englisch International Criminal Court (ICC) genannt –, der am 17. Juli 1998 in Rom gegründet wurde und am 1. Juli 2002 seine Arbeit in Den Haag aufnahm. Ihm gehören heute 106 Staaten an. Die USA erkennen den IStGH allerdings nicht an, weil sie fürchten, dass sich dort dann eines Tages US-Soldaten verantworten müssten, falls ihnen Kriegsverbrechen vorgeworfen werden sollten. Chinesen und Russen denken ebenso und ignorieren den Den Haager Strafgerichtshof.*

*Der dritte wichtige internationale und in Den Haag beheimatete Gerichtshof ist das **UN-Tribunal zur Ahndung von Kriegsverbrechen in Ex-Jugoslawien (ICTY)**. Dieses durch die UN-Resolution 827 im Jahr 1993 ins Leben gerufene Sondergericht ist allerdings nur für Kriegsverbrechen zuständig, die auf dem Territorium des ehemaligen Jugoslawien begangen worden sind. Prominentester Angeklagter dort ist derzeit **Radovan Karadžić**. Dem ehemaligen Präsidenten der Republik Srbska in Bosnien werden Völkermord und Kriegsverbrechen zur Last gelegt. Offiziell läuft das UN-Mandat des ICTY im Jahr 2010 ab. Es wird jedoch damit gerechnet, dass es verlängert*

**Grand Café Restaurant
Vitesse** Scheveningen

Strandweg 19
2586 JK Scheveningen
Tel: 070-3547179

Tafel #123

2 BITTER LEMON	4,60
2 GANGEN MENU	31,90

Totaal	€	**36,50**
BTW laag	€	2.07
Totaal	€	**36,50**
BTW hoog		27

wird, nicht zuletzt deshalb, weil der Karadžić-Prozess zu Ende geführt werden muss. Der einstige jugoslawische Staatspräsident **Slobodan Milošević,** ebenfalls angeklagt wegen Völkermordes und Kriegsverbrechen, verstarb am 11. März 2006 in einer Zelle des Tribunals an Herzversagen.

Es sind aber nicht nur die drei großen internationalen Gerichtshöfe, die der Stadt Den Haag den Status einer Stätte von Recht und Gerechtigkeit geben und sie nach New York, Genf und Wien zum vierten wichtigen UNO-Standort machen. In den vergangenen Jahren haben sich noch weitere einflussreiche internationale Organisationen innerhalb der Stadtgrenzen niedergelassen. So hat seit Juli 1999 die europäische Polizeibehörde **Europol** ihren Hauptsitz in der Stadt. Unterstützt wird Europol durch die 2002 gegründete und ebenfalls in Den Haag beheimatete **Eurojust,** die grenzübergreifende Strafverfahren koordiniert.

Eine weitere wichtige internationale Organisation in Den Haag ist die **Chemiewaffen-Abrüstungskonferenz OPCW.** Seit 1997 beschäftigt sich die OPCW mit der weltweiten kontrollierten Vernichtung von chemischen Waffen. Ferner tagt seit 1982 in Den Haag das **Iran-United States Claims Tribunal,** das sich bis heute mit dem noch immer schwelenden Konflikt zwischen den USA und der Islamischen Republik Iran infolge der Besetzung der US-Botschaft in Teheran im Jahr 1979 durch iranische Revolutionsgarden beschäftigt.

Wegen der vielen internationale Gerichtshöfe in Den Haag, verwundert es nicht, dass die Menschenrechtsorganisation **Amnesty International (AI)** in den Niederlanden besonders viele Mitglieder zählt, die sich für prominente Menschenrechtler wie Aung San Suu Kyi, der Oppositionspolitikerin in Myanmar (Birma), die dort noch immer unter Hausarrest steht, einsetzen oder für den Dalai Lama auf die Straße gehen.

Kritik daran, dass die Menschenrechte und deren universelle Gültigkeit so wie sie in der UN-Menschenrechtsdeklaration vor 60 Jahren festgelegt wurden, bei vielen Niederländern noch zu wenig bekannt und im Bewusstsein zu wenig verankert sind, gibt es aber auch. „Die Geschichte der Menschenrechte wird an unseren Schulen noch viel zu wenig unterrichtet. In dieser Hinsicht haben die Niederlande noch einen Nachholbedarf", meint Barbara Oomen, Professorin für Völkerrecht an der Roosevelt Academy in Middelburg. Dabei haben die Niederländer die Völkerrechtsgeschichte der UNO in Den Haag zum Greifen nahe und sie selbst wesentlich mitgeprägt.

036dh Abb.: ug

Nachfolgeorganisation des Permanenten Hofes für Internationale Gerichtsbarkeit (1922–1946) des Völkerbundes, der Vorläuferorganisation der UNO, gegründet. Der Friedenspalast ist ein monumentales **Neorenaissancegebäude** im Den Haager Diplomatenviertel, das durch eine großzügige Spende (1,5 Mio. US-Dollar) des amerikanischen Millionärs **Andrew Carnegie** im Jahr 1903 ermöglicht und 1913 eröffnet wurde. Viele Länder der Welt beteiligten sich an dem Bau: Italien spendete Marmor, Deutschland Stahl, Japan Porzellan und die Schweiz Uhren.

❭ **Vredespaleis**, Carnegieplein 2, Tel. 070 3024137, guidedtours@planet.nl, www.vredespaleis.nl, Führungen nur von Mo.–Fr., im Sommer (1.5.–30.9.) um 10, 11, 14, 15 und 16 Uhr, im Winter nicht um 16 Uhr, Eintritt: Erw. 5 €, Kinder 3 €, Straßenbahn 1, 10 und Bus 24, Haltestelle Vredespaleis. Der Friedenspalast kann nur nach vorheriger Anmeldung besichtigt werden. In der Regel ist es ausreichend, eine Woche vorher anzurufen, um sich einen Termin geben zu lassen. Die Führungen finden in niederländischer und englischer Sprache statt, Führungen in deutscher Sprache gibt es nur für Gruppen ab 20 Personen.

DAS MODERNE DEN HAAG

Rund um den Zentralbahnhof befindet sich das moderne Den Haag. Wer mit dem Auto in die Stadt kommt, dem bietet sich bereits ein eindrucksvolles Bild: Die Stadtautobahn führt unter modernen Bürogebäuden hindurch und an interessanten Großbauten wie dem Internationalen Strafgerichtshof vorbei. Im Gegensatz zur deutschen Architektur ist die neue niederländische etwas „gewagter". Viele Häuser muten geradezu futuristisch an, die Dächer strecken sich in den fantasievollsten Formen Richtung Himmel und die Fassaden sind von exzentrischen Mustern unterbrochen.

⑭ NIEUWE STADHUIS (NEUES RATHAUS) ★★ [C9]

Das neue Rathaus am Kalvermarkt ist ein eindrucksvolles Bauwerk, das eigentlich aus zwei Bürogebäuden besteht, die einen großen Innenhof umrahmen. Verbunden sind die beiden Gebäude mit Brücken, von denen man einen spektakulären Blick auf das überdachte und sonnendurchflutete Atrium hat. Angrenzend an das Rathaus, in Richtung Spui ⑮, liegt die halbrunde Bibliothek, die mit ihren modernen Ohrensesseln zum Schmökern und Verweilen einlädt.

Der amerikanische **Stararchitekt Richard Meier**, der auch das Getty Center in Los Angeles, das Rathaus von Ulm, das Museo dell'Ara Pacis in Rom und das Museu d'Art Contemporani in Barcelona entwarf, erhielt im Jahr 1986 den Auftrag für ein Gebäude, das sowohl Rathaus als auch Bibliothek sowie Büroräume unter einem Dach vereinen sollte. Er schuf ein 131.000 m² großes und 125 Mio. Euro teures Gebäude, das mit 12 Stockwerken in die Höhe ragt. Wegen der leuchtend weißen Fassade nennen die Den Haager ihr Rathaus auch „IJspaleis", also „**Eispalast**". Das Spektakulärste am Eispalast ist sein **Atrium**, das nicht nur das größte der Niederlande ist, sondern auch die Piazza San Marco in Venedig an Größe überbietet. Leider zogen das offene Atrium und die hohen Arkaden in den vergangenen Jahren auch Menschen an, die sich dort **in den Tod stürzten**. Nun wurden – nach Rücksprache mit Architekt Richard Meier – für das Auge kaum sichtbare **Stahlgardinen** aufgehängt, sodass dies nun nicht mehr möglich ist.

▲ *Das neue, ganz in Weiß gehaltene Rathaus trägt den Beinamen „Eispalast"*

◄ *Der Friedenspalast wurde durch Spenden ermöglicht*

Im Atrium finden wechselnde **Ausstellungen** statt, außerdem befinden sich dort die **Schalter**, die man in Deutschland vom Einwohnermeldeamt kennt und die sich meist durch lange Reihen wartender Menschen auszeichnen. Und wie das in Rathäusern so üblich ist, gibt es auch im neuen Rathaus einen **Hochzeitssaal**, wobei die Den Haager fürs Heiraten eher das alte Rathaus mit seinem wunderschönen Trausaal bevorzugen.

Übrigens: Für Besucher ist das neue Rathaus frei zugänglich, es gibt dort im Atrium sogar eine **Touristeninformationsstelle**, bei der man sich ausgiebig mit Infomaterial über Den Haag sowie Veranstaltungen eindecken kann.

❯ **Nieuwe Stadhuis,** Spui 70, Straßenbahnlinie 1, 9, 15, 16, Haltestelle Spui-Stadhuis, Mo.–Fr. 8–14 Uhr, Do. 8–20 Uhr, Öffnungszeiten Touristeninformationsstelle: Mo.–Fr. 9–16 Uhr, Do. bis 20 Uhr

⑮ SPUI ★ [C9]

Der Spui – ein Platz mitten in der Stadt – ist der Treffpunkt der Kulturinteressierten. Hier haben sich – neben dem Stadhuis – das **Nederlands Dans Theater** (s. S. 48), das **Residentie Orkest** (das Residenzorchester, s. S. 47), das **Kultur-Filmhaus** und ein großes **Filmtheater** niedergelassen. Wer sich für die etwas eigenwilligen Gebäude nicht begeistern kann, dem sei gesagt: Der berühmte niederländische Architekt Rem Koolhaas hat bereits einen **Entwurf für einen Neubau** vorgelegt, dem die alten Gebäude des Tanztheaters und des Residenzorchesters weichen sollen. In diesem neuen Kulturzentrum soll neben dem Tanztheater und dem Residenzorchester

auch das Konservatorium ein neues Zuhause finden. Damit möchte Den Haag einen weiteren Beitrag leisten, um im Jahr 2018 den Titel „Europäische Kulturhauptstadt" für sich zu gewinnen. Wie bei allen großen Projekten stellt sich auch hier noch die Frage: Wer soll das bezahlen? Den vielen Skatern auf dem Spui ist das egal. Sie hoffen, ihr spiegelglattes und riesengroßes Skater-Paradies vor den Kulturgebäuden nicht so schnell aufgeben zu müssen.

⑯ VIERTEL RESIDENT – DIE HAAGER SKYLINE ★ ★ [D9]

Im Zentrum von Den Haag, zwischen Rathaus und Zentralbahnhof, liegt das moderne Viertel Resident, dessen Silhouette schon von Weitem erkennbar ist. Die Dächer der Hochhäuser drängen sich mal spitz, mal schräg und mal flach dem Himmel entgegen. Federzeichnend für die städtebauliche Planung des neuen Viertels war der Luxemburger Rob Krier, der seinen Masterplan mit neun international bekannten Architekten umsetzte.

Diese äußerst interessanten und architektonisch einzigartigen Hochhäuser im Herzen der Stadt beherbergen u. a. Ministerien und Büros. So ist das Gesundheitsministerium in den zwei spitz zulaufenden Türmen der **Castalia** (Parnassusplein 5) untergebracht, einem Werk des amerikanischen Architekten Michael Graves, der damit ein altes, langweiliges Bürogebäude zu einem wahren Blickfang umbaute. Im Aussehen erinnert die Castalia an die historischen, niederländischen Lagerhäuser mit ihrer Backsteinfassade und den hohen Giebeln. Damit der Blick auf die Spitzdächer der Castalia nicht gestört wurde, durften die drei kastenförmigen Bauten des He- licon, in der die pädagogische Fach- hochschule untergebracht ist, nicht allzu sehr in die Höhe ragen. Dane- ben schuf der argentinische Archi- tekt Cesar Pelli für die Versicherungs- gesellschaft Zurich den **Zurichtoren** (Muzenstraat 31), also den Zurich- turm, ein sechseckiges Bürogebäude mit einem runden Kupferdach. Auch Pelli nahm sich die niederländische Geschichte zum Vorbild: Das Dach soll an alte Bauernhäuser erinnern, deren Strohdächer schwer auf den Häusern lasteten und – so wie das Kuppeldach vom Zurichtoren – leicht über die Gebäudewände herausrag- ten. Viele Den Haager sind jedoch der Meinung, der Zurichtoren würde sie statt an ein altes Bauernhaus eher an eine überdimensionale Zitronenpres- se erinnern.

Nicht weit von Castalia und Zurich- toren entfernt steht mit seiner kup- fernen Haube das im Grundriss ova- le Hochhaus **Muzentoren** (Wijnha- ven 24), an das sich der idyllische Platz Muzenplein anschließt. Das mit 142 m und 30 Stockwerken höchste Gebäude der Den Haager Innenstadt ist der **Hoftoren** (Rijnstraat 50), ein Bürogebäude vom Architektenbüro Kohn Pedersen Fox, das sich wie ein spitz zulaufender Pfeil in den Him- mel erstreckt. Aufgrund seiner Form wird es von den Den Haagern auch „Vulpen" genannt, also „Füller". Ein passender Name für ein Hochaus, in dem sich das Ministerium für Bil- dung, Kultur und Wissenschaft be- findet. Alle Hochhäuser zusammen werden als „Herz der fünf Milliarden" bezeichnet, was eine Anspielung auf die enormen Bausummen sein soll. Doch die Ausgaben haben auch noch eine andere Art von Titel mit sich ge- bracht: Das 131 m hohe **Strijkijzer**

(„Bügeleisen", Rijswijkseplein) in der Nähe des Bahnhofs Hollands Spoor wurde 2008 zum schönsten Wolken- kratzer der Welt gekürt und lässt da- mit andere Hochhäuser in Taipeh und New York weit hinter sich. Prä- miert wurde das Strijkijzer nicht nur wegen seiner gelungenen Architek- tur, sondern auch aufgrund seiner Funktionalität, denn das Hochaus beherbergt 300 Studentenwohnun- gen. Wer also hoch hinaus will, ist hier gut aufgehoben.

SPITZNAMEN FÜR SPITZE HOCHHÄUSER

Sie heißen „Eispalast", „Zitronen- presse", „Füller", „Weiße Anna", „Bügeleisen" und „Titten von Den Haag" - gemeint sind die Hoch- häuser, die sich mitten in der Stadt aus der sonst so beschaulichen Häu- serkulisse hervorstrecken. Und vor allem die „Titten von Den Haag" sind besonders schön, denn sie ra- gen tatsächlich aufmüpfig spitz aus dem sonst üblichen Flachdacheiner- lei hervor. Aber nicht nur die Form der beiden nebeneinanderstehen- den Hochhäuser ist für ihren mar- kanten Namen verantwortlich. In den „Titten" residierte nämlich von 1994 bis 2002 die Gesundheitsmi- nisterin - und deren Name war Els Borst („Brust").

Dass die Den Haager ihren archi- tektonischen Meisterleistungen die- se Spitznamen gegeben haben, führt übrigens dazu, dass die meisten von ihnen nicht mehr wissen, wie die so- genannten „Toren", die Hochhäuser, tatsächlich heißen.

ENTDECKUNGEN AUSSERHALB DES ZENTRUMS: SCHEVENINGEN UND DER STRAND

Im Sommer spielt sich das Haager Leben meist außerhalb der Stadt am Strand von Scheveningen ab, der dann bei gutem Wetter und insbesondere an Wochenenden hoffnungslos überfüllt ist – meist allerdings nicht von Den Haagern, sondern von den vielen Touristen aus dem In- und Ausland. Das einstige Fischerdorf Scheveningen hat sich inzwischen zu einem beliebten Badeort entwickelt. Es teilt sich in zwei Hauptgebiete auf: Scheveningen Bad rund um das Kurhaus und Scheveningen Hafen in südlicher Richtung.

Wie das alte Dorf mit seinen Fischerbooten, kleinen Häusern und dem unberührten Strand früher einmal aussah, zeigt eindrucksvoll das Panorama Mesdag ⓬ – ein 360°-Panoramabild aus dem Jahr 1880. Erst im 19. Jahrhundert entwickelte sich Scheveningen zu einem **mondänen Kurort** für die niederländische und europäische High Society. Das Kurhaus ⓭ trug zum guten Ruf von Scheveningen bei, denn es beherbergte japanische Kaiser, europäische Minister, Prinzen und allerlei Prominenz. Mit einer eigens angelegten Zugverbindung wurde der Ort mit dem Rest der Welt verbunden. Doch den elitären Charakter hat Scheveningen längst verloren und der Zweite Weltkrieg hat viele der schönen alten Gebäude zerstört. Heute zieht der **Badeort** zwar noch immer Tausende von Touristen an, aber die Hotels liegen inzwischen in allen Preisklassen und neben dem Sternerestaurant gibt es auch ein McDonald's und eine Pommesbude. Vor allem an warmen Sommertagen scheint sich halb Holland am Boulevard von Scheveningen zu amüsieren. Erst verbringt man den Tag am und im Wasser, um später am Abend in einem der vielen **Strandrestaurants** den Sonnenuntergang zu feiern. Einen ganz besonderen Charme hat der Ort außerhalb der Hauptsaison – vor allem in den Wintermonaten, denn dann sind all die Holzhütten der Restaurants und Bars am Strand abgebaut, damit sie nicht

039dh Abb.: ug

▶ *Vor dem Kurhaus* ⓭ *in Scheveningen treffen sich im Sommer Sonnenanbeter und Partyfreunde*

vom Sturm beschädigt werden. Vor allem der Strand südlich des Hafens ist dann wieder recht naturbelassen und unbevölkert.

⑰ BEELDEN AAN ZEE ★ ★ [E1]

Der niederländische Architekt Wim Quist hat am Strand von Scheveningen etwas Einmaliges geschaffen: Das Museum liegt in einer Düne versteckt, es wirkt wie eingegraben und ist dennoch lichtdurchflutet. Aus den Fenstern, von den Terrassen und Patios aus blickt man auf Sand und Strandhafer, auf Himmel und Meer. Das turbulente Strandleben scheint weit weg zu sein und die Ruhe ist perfekt – ideal, um sich auf die Spuren großer Bildhauer zu begeben.

Beelden aan Zee, das heißt nicht etwa „Bilder am See", sondern „Skulpturen am Meer". Und tatsächlich dreht sich in diesem Museum alles um die **Bildhauerei.** In den drei großen Räumen werden **wechselnde Ausstellungen** internationaler Künstler gezeigt. Ständig zu besichtigen sind dagegen die **Porträts der königlichen Familie** (Werke des niederländischen Bildhauers Arthur Spronken aus dem Jahr 1995) und die **Porträtgalerie niederländischer Berühmtheiten,** in der die künstlerischen Köpfe von Prinzessin Maxima, Johan Cruijff und Wim Duisenberg zu bewundern sind. All diese bronzenen und vergoldeten, in sich gekehrten und expressiven, dünnen und fülligen Menschenabbilder stehen in einem wunderbaren Kontrast zu dem gelungenen **Museumsbau** aus Beton, Granit, Buchenholz und Kiefer.

Das 1994 von dem Sammlerehepaar Theo und Lida Scholten gegründete Museum umfasst annähernd

1000 Figuren, u. a. von Stephan Balkenhol, Fernando Botero und Igor Mitoraj. Auch vor dem Museum stehen Bronzefiguren, die den ganzen Tag lang und völlig kostenlos besichtigt werden können: die sogenannten „SprookjesBeelden aan Zee", die Märchenfiguren des amerikanischen Bildhauers Tom Otterness, deren größte ganze 13 m hoch ist. Übrigens ist die Organisation des Museums einzigartig in den Niederlanden: Mehr als 100 Freiwillige kümmern sich um den täglichen Betrieb des Museums, der Cafeteria und des Skulptureninstituts, in dem man die großen Bildhauer studieren kann (Infos im Internet unter www.sculptuurinstituut.nl).

❭ **Beelden aan Zee**, Harteveltstraat 1, Scheveningen, www.beeldenaanzee.nl, Di.–So. 11–17 Uhr, Eintritt: 8,50 €, Kinder (13–18 Jahre) 4,25 €, unter 13 Jahre frei, Straßenbahn 1 und 9, Bus 21 und 22, Haltestelle Kurhaus. Das Parken am Strandweg ist zwischen 1. November und 1. März kostenlos.

⑱ KURHAUS ★ ★ ★ [F1]

Direkt am Strand liegt das Kurhaus, eines der prächtigsten Gebäude Scheveningens. Majestätisch erhebt sich das 5-Sterne-Hotel über dem Boulevard und prachtvoll ist auch der große Kursaal mit seinen Deckengemälden, gigantischen Kristalllüstern und der großen Kuppel.

Einst war das Kurhaus ein **hölzernes Badehaus**, in dem sich die feinen Damen umziehen konnten, bevor sie mit der Kutsche zum Baden ans Wasser gebracht wurden. Nach einem Brand wurde das Kurhaus innerhalb eines Jahres wieder aufgebaut, diesmal mit Inhalatorium und Badewannen. Seit 1885 wird das Gebäude als **Hotel** genutzt und beherbergt seitdem Staatsgäste, Königsfamilien und andere Prominente. Edith Piaf, Marlene Dietrich, Maria Callas, Herbert von Karajan und Miles Davis zählten zu den illustren Gästen, die auch im Kurhaus auftraten. Legendär

O41dh Abb.: kh

war das erste Rolling-Stones-Konzert in Europa, das wohl auch ihr kürzestes war. Die holländischen Fans waren vor Begeisterung derart aus dem Häuschen, dass die Polizei das Konzert vorzeitig abbrechen musste.

Auf die **reiche kulturelle Vergangenheit** des Kurhauses ist man noch heute stolz und regelmäßig finden Tanzaufführungen und kleinere Konzerte statt. Jeden Abend ab sechs Uhr wird in der stilvollen Bar im Kursaal live Pianomusik gespielt. Dies ist auch eine gute Gelegenheit, um die Atmosphäre des Kurhauses zu genießen, ohne gleich eine Nacht dort zu verbringen. Bei einem Glas Wein an der Bar, einem Abendessen im Kursaal-Restaurant oder bei einem köstlichen Stück Kuchen auf der Terrasse fühlt man sich einfach fürstlich.

❯ **Steigenberger Kurhaus Hotel**, Gevers Deynootplein 30, Scheveningen, Tel. 070 4612636, www.kurhaus.nl, Straßenbahn 1 und Bus 21, 22, Haltestelle Kurhaus

⑲ PIER ★★ [G1]

Der Pier liegt vor dem Kurhaus ⑱ und erstreckt sich 380 m ins Meer hinein. Er wurde **um 1900 erbaut** und führte von der Terrasse des Kurhaus-Hotels zu einer achteckigen Plattform im Meer, auf der bis zu 1200 Menschen Platz fanden und Musikaufführungen stattfanden. Im **Zweiten Weltkrieg** nutzten deutsche Soldaten diese Plattform als Lager und unterbrachen den Zugang, indem sie die Pfähle der Seebrücke absägten. Weil aber Scheveningen ohne Pier

nicht Scheveningen war, beschloss man nach dem Krieg, den Pier wieder aufzubauen.

Im Jahr 1961 wurde der neue Pier feierlich von Prinz Bernhard **wiedereröffnet**. Eine Zeitlang war die Seebrücke – neben dem Kurhaus – *das* Wahrzeichen von Scheveningen. Dreißig Jahre später allerdings wurde sie für den symbolischen Wert von einem Gulden an die Hotelkette Van der Valk verkauft, die ein Restaurant auf der Plattform betreibt.

Heute scheint man nicht mehr so recht zu wissen, was man mit dem Pier anfangen soll, und daher ist seine Nutzung etwas lieblos: Cafés, Souvenirshops, zwei Restaurants (u. a. Pier Scheveningen, s. S. 41), ein Bungee-Jumping-Turm und die Kinder-Spielhalle Schateiland ("Schatzinsel") voller Spielautomaten sind heute auf dem Pier angesiedelt.

⑳ DÜNENGEBIET MEIJENDEL ★★★

Wer einmal raus will aus dem Großstadttrubel, der ist im Dünengebiet Meijendel an der richtigen Stelle: Natur pur und Dünen, soweit das Auge reicht. Eine tolle Gegend zum Wandern oder für Fahrradtouren.

An Scheveningen grenzt in nördlicher Richtung das Dünengebiet Meijendel, das über Wassenaar bis nach Katwijk führt. Dieses Dünengebiet zählt zu den bedeutendsten Küstengebieten der Niederlande und besteht größtenteils aus Sanddünen mit Sträuchern und Büschen, aber auch aus lichten Wäldern.

Für die Den Haager sind die Dünen ein wichtiges Naherholungsgebiet. Während hier in alten Zeiten die Grafen und Fürsten zur Jagd aufbrachen, sind es heute Wanderer und

◀ *Im Kurhaus Hotel nächtigen gern prominente Gäste*

Radfahrer, die unterwegs sind. Wer die Augen offen hält, wird außerdem so manchen Hasen und Fuchs entdecken und auch über 250 Vogelarten haben sich hier niedergelassen. Doch das Dünengebiet hat noch weitere Funktionen: Es dient zum **Küstenschutz** und zur **Trinkwassergewinnung und wurde** deshalb **vor einer Bebauung „gerettet".** Statt Hochhäusern ragen nun zwei momumentale Wassertürme aus den Dünen hervor.

Vor allem das Gebiet rund um die **Boerderij Meijendel** (das Gut des Naturschutz- und Dünengebietes Meijendel) erfreut sich großer Beliebtheit. Hier verbrachte Vincent van Gogh 1882 und 1883 zwei ruhige Jahre, während inzwischen pro Jahr rund eine Million Besucher durch die Dünen wandern. Ziel der meisten ist die Boerderij Meijendel, wo man in einem Biergarten gemütlich Pfannkuchen und Erbsensuppe essen kann. Auch die Kinder kommen voll auf ihre Kosten: Im Pferdestall können sie Ponys streicheln, sich auf dem Spielplatz austoben oder im Besucherzentrum interessante Informationen über das Dünengebiet erhalten

〉 **Dünengebiet Meijendel,** Zugang Pompstationsweg, Bus 22, Haltestelle Pompstationsweg, www.kustgids.nl/meijendel/index.html
〉 **Boerderij Meijendel,** Meijendelseweg 36, Wassenaar, Tel. 070 5179601, www.meyendel.nl, im Sommer tägl. 9–19 Uhr, im Winter unter der Woche nur bis 18 Uhr, Bus 43 Richtung Leiden, Haltestelle De Kieviet, danach 30 Minuten Laufzeit zum Gut (von der Bushaltestelle rechts den Wilhelminaplein überqueren, der Wilhelminalaan folgen, die später erst in die Berkenlaan, dann in den Meijendelseweg übergeht
〉 **Bezoekerscentrum (Besucherzentrum) Meijendel,** Meijendelseweg 40,

Wassenaar, Tel. 070 5117276, 1.11. bis 1.4. Di.–Fr. 10–16 Uhr, So. 10–17 Uhr, ab dem 1. April auch am Samstag geöffnet

㉑ HAFEN ★ ★ ★ [B2]

Der Hafen von Scheveningen ist klein und gemütlich – kein Vergleich mit dem Riesenbruder in Rotterdam – und hat ein ganz besonderes Flair. Hier gibt es tatsächlich noch die alten Kutter mit Fischern, die den Fang ausladen und am Abend ihre Netze flicken.

Neben dem Fischereihafen liegt der exklusive Jachthafen mit seinen stolzen Motorjachten und den windschnittigen Segelbooten. Rundherum haben sich Restaurants angesiedelt, von deren Terrassen man einen schönen Blick auf Hafen und Boote hat, z. B. auf das **Museumsschiff Mercuur** (s. S. 112).

Doch man hat große Pläne für den beschaulichen Hafen: Die Rede ist vom Ausbau zu einer „Perle am Meer", einem **Freizeit- und Feriengebiet,** denn seit vor ein paar Jahren die Transportgesellschaft Norfolkline ihren großen Containerumschlagplatz von Scheveningen nach Vlaardingen verlegte, liegt ein riesiges Stück Bauland in Strand- und Hafennähe brach. Natürlich stellte sich sofort die Frage, was mit dem Land geschehen soll, und es wird nun geplant, was das Zeug hält. Der aktuelle Stand ist, dass eine neue Brücke den Nord- mit dem Südstrand verbinden soll. Daran anschließend wird ein **neuer Außenhafen** gebaut, der Kreuzfahrtschiffen die Möglichkeit zum Anlegen bietet. Natürlich möchte man auch mehr **Wohnraum** schaffen, wofür zwei Hochhäuser eingeplant sind. Den Bewohnern dieser neuen Häuser soll ein

Entdeckungen außerhalb des Zentrums: Scheveningen und der Strand

SCHEVENINGEN FEIERT DEN HERING

*Wer mehr über Scheveningen wissen möchte, der sollte am **Vlaggetjesdag** (Mitte Juni) in den Küstenort kommen, denn rund um den Hafen wird dann der **neue Hering** gefeiert. Alles beginnt damit, dass sich die „High Society" und die Politprominenz von Den Haag ein paar Tage vor dem offiziellen Vlaggetjesdag am Hafen versammeln, wo man sie in einer äußerst seltsamen Haltung bewundern kann: Kopf nach hinten, Mund geöffnet und einen Hering essend! So wird er getestet, der neue Hering: Ist er weich genug, zart und mit der richtigen Würze?*

*Nachdem die Politiker den Hering prüfen durften und ein Fass mit dem wertvollen jungen Fisch zu einem guten Zweck **versteigert** wurde, trifft am Vlaggetjesdag der Rest von Den Haag und Scheveningen am Hafen ein. Dann lebt der Charme der guten alten Zeit wieder auf: Man sieht Frauen in alten **Trachten**, der **Shanty-** und der **Piratenchor** treten auf und die **Fischerboote** tuckern voll besetzt und unter großem Applaus durch den Hafen. Es wird **altes Handwerk** gezeigt und erklärt und man erfährt, was die holländischen Kinder früher und teilweise auch heute noch spielen: „knikkeren" (Murmelspiel), Seilspringen und Stelzenlaufen. Der Gameboy kann also ruhig zu Hause bleiben. Als Besucher hat man die Möglichkeit, eine Runde auf einem Schiff mitzufahren oder eben einen neuen Hering zu probieren!*

Wellness-, Beauty- und Relaxzentrum das Leben versüßen. Zusätzlich will man den Strand und damit einhergehend das Freizeitangebot vergrößern und mit einem 5-Sterne-Hotel für mehr Touristen sorgen. Das ganze Unterfangen rund um den Hafen von Scheveningen soll im Jahr 2020 fertig werden.

> **Hafen von Scheveningen,** Dr. Lelykade, Scheveningen, www.scheveningen-haven.nl, Straßenbahn 11, Haltestelle Statenlaan, dann ein paar Meter zu Fuß und Bus 23 bis Duinstraat

㉒ STATENKWARTIER ★ ★ [B4]

Eines der schönsten Viertel Den Haags ist das Statenkwartier, denn es ist fast vollständig in der Architektur des frühen 19. Jahrhunderts erhalten. Die stolzen Herrenhäuser übertrumpfen sich gegenseitig regelrecht mit Giebeln, Erkern, Türmchen und Balkonen. Jedes Haus ist anders – und alle zusammen ergeben eine schöne Kulisse für einen Bummel durch die Straßen.

Als die Haager Stadtväter um 1900 beschlossen, den Architekten Lindo mit dem Bau des Statenkwartiers zu beauftragen, hatten sie eine **luxuriöse Wohngegend** vor Augen, die zwischen der Innenstadt und dem damals aufstrebenden Badeort Scheveningen liegen sollte. Eine **Pferdestraßenbahn** sorgte für eine schnelle Anbindung ans Zentrum, viele **Parks** für eine grüne Umgebung.

Hauptstraße des Statenkwartiers war und ist noch heute die Frederik Hendriklaan mit ihren einladenden Cafés und Geschäften. Große Warenhäuser fehlen, dafür gibt es kleine, gemütliche Geschäfte mit einem großen Angebot an Käse, Kaffee, Tee,

Büchern, Obst, Kleidung, Computern und Bürobedarf und auch einen Öko-laden – einfach alles, was man zum täglichen Leben braucht. Die Geschäfte richten sich allerdings an ein eher betuchtes Publikum, denn im Statenkwartier haben sich **Diplomaten, Politiker** und **Mitarbeiter der internationalen Organisationen** und Unternehmen niedergelassen. Ein Vorteil: In den Geschäften kann man sich deshalb oft auf Deutsch, immer aber auf Englisch verständigen und es gibt hier deutsche Zeitungen und Zeitschriften zu kaufen.

Besonders schön ist es am grünen **Frederik Hedrikplein**, der mit seinem kleinen Spielplatz und einem Café mit großer Terrasse vor allem an warmen Sommertagen recht bevölkert ist. Gleich um die Ecke liegen das **Gemeentemuseum 23**, das **GEM** (s. S. 50) und das Kindermuseum **Museon** (s. S. 112).

23 GEMEENTE-MUSEUM ★★★ [B4]

Schon das Gebäude ist ein Kunstwerk: Das Gemeindemuseum wurde von dem Architekten H. P. Berlage erbaut und gilt als Höhepunkt der modernen Architektur der 1930er-Jahre. Zwischen zwei Wasserbecken führt ein überdachter Gang zum Museum, das die größte Mondriaan-Sammlung der Welt beherbergt. Von

dem bekanntesten niederländischen Maler des 20. Jh (1872–1944) sind eine Reihe von Werken ständig ausgestellt, u. a. die „Molen bij zonlicht" und sein letztes Werk „Victory Boogie Woogie".

Neben Mondriaan werden auch Bilder von u. a. Picasso, Egon Schiele, Monet und Kandinsky sowie Werke der *Haagse School* präsentiert, z. B. Israëls, Mesdag, Maris und Mauve. Auch eine weltberühmte **Modekollektion** (u. a. mit einem Entwurf von Issey Miyake) ist im Gemeentemuseum untergebracht, genau wie eine **Sammlung von Kunstgegenständen**: Delfter Fayencen, Haager Silber, Glas aus unterschiedlichen Ländern, Keramik und Möbel. Sehenswert sind auch die fünf alten sowie das neue Stilzimmer, wie das japanische und das Zimmer aus der Zeit von Ludwig XVI. Die sogenannten *Wonderkamers* richten sich an junge Leute und stellen

► *Eine berühmte Gemäldesammlung im sehenswerten Gebäude: das Gemeentemuseum*

KLEINE PAUSE

Eine versteckte Idylle

Hinter dem Gemeentemuseum liegt eine **schöne Rasenfläche**, die von Bänken gesäumt ist. Sie ist nur durch das neben dem Gemeentemuseum liegende Museon (s. S. 112), über das GEM (s. S. 50) oder über einen kleinen Weg hinter dem Omniversum (s. S. 112) erreichbar, was bedeutet, das es hier sehr ruhig und beschaulich zugeht. **Kleine Kunstwerke** schmücken die Grünfläche und im Hintergrund erhebt sich das Gemeentemuseum – die ideale Kulisse für eine mitgebrachte Brotzeit. Wer sich dagegen einen Kaffee und ein hervorragendes Essen gönnen möchte, der sollte dies in der kleinen, schönen **Brasserie Berlage** (s. S. 36) mit der davor liegenden Terrasse genießen.

041dh Abb.: dhm

verschiedene Themen wie Musik, Mode und Kunst vor. Das Geementemuseum macht außerdem immer wieder durch verschiedene Sonderausstellungen von sich reden.

› **Gemeentemuseum**, Stadhouderslaan 41, Scheveningen, Di.–So. 12–18 Uhr, www.gemeentemuseum.nl, 25. Dez. und 1. Jan. geschlossen, Eintritt: 7,50 €, Senioren 5 €, Kinder (bis 18 Jahre) gratis, Straßenbahn 17 und Bus 24, Haltestelle Gemeentemuseum/Museon

㉔ MADURODAM ★ ★ ★ [E5]

„Die kleinste Stadt der Niederlande" lässt nicht nur Kinderherzen höherschlagen. Auf einer Fläche von 18.000 m² kann der Besucher alles bestaunen, was Holland so liebens- und sehenswert macht.

Windmühlen, Grachtenhäuser, prachtvolle Schlösser und Kirchen, moderne Architektur und Leuchttürme – das alles gibt es hier in Klein, genauer gesagt in einem **Maßstab von 1:25.** Selbst viele Den Haager

Sehenswürdigkeiten wie der Friedenspalast ⑬, der Binnenhof ❶, das Mauritshuis ❷ und der Königliche Palast ⑪ sind detailgetreu nachgebaut. In Madurodam „leben" 16.000 Minimenschen, es fahren 4500 Autos und Laster und 12 Züge, zwei Straßenbahnen, 58 Schiffe und 32 Flugzeuge fahren herum. Ganze 5000 Bäume im Kleinformat und 30.000 Blumen machen Madurodam zu einer grünen Stadt. Aber auch „echte" Menschen haben hier verantwortungsvolle Posten: Es gibt einen Jugendgemeinderat, der alle zwei Jahre einen **Bürgermeister** wählt. Übrigens: Auch die heutige Königin Beatrix war während ihrer Jugend Bürgermeisterin von Madurodam.

Durch „Klein-Holland" führen **Spazierwege** vorbei am Rotterdamer Hafen, dem Flughafen Schiphol und dem Sturmflutwehr von Hoek van Holland. Doch damit nicht genug, denn überall in dieser Miniaturwelt bewegt sich etwas: Züge und Autos fahren an einem vorbei, Flugzeuge rollen auf das

EXTRATIPP

Eine kleine Stadt für einen guten Zweck

Madurodam wurde im Jahr 1952 vom Ehepaar Maduro gegründet – zum Andenken an ihren Sohn, der 1945 als Gefangener in Dachau an Typhus starb. Die Idee für die Miniaturstadt kam von Frau Boon-van der Starp. Sie war derzeit auf der Suche nach Sponsoren für ihre Stiftung, die tuberkulosekranke Studenten finanziell unterstützen sollte. Man beschloss, sich zusammenzutun, und gründete die Miniaturstadt Madurodam. Noch heute fließt ein Teil des Eintrittsgeldes in die Stiftung, die heute – nachdem es in Holland keine tuberkulosekranken Studenten mehr gibt – Sozial- und Kultureinrichtungen für gesunde und behinderte Jugendliche finanziert.

› **Madurodam**, George Maduroplein 1, info@madurodam.nl, www.madurodam.nl (auch auf deutsch), Tel. 070 4162400, täglich 9–18 Uhr, Eintritt: Erw. 14,50 €, Kinder ab 3 Jahre 10,50 €, Straßenbahn 9 und Bus 22, Haltestelle Madurodam, Parkplatz: 6,50 €

ABSTECHER IN DIE UMGEBUNG

Die Abstände zwischen den Städten sind in den Niederlanden recht klein, sodass man durchaus „mal kurz" in die Umgebung fahren kann, um sich weitere Sehenswürdigkeiten anzusehen. Einen Ausflug nach Delft kann man beispielsweise sogar mit der Straßenbahn von Den Haag aus unternehmen.

㉕ BLUMENPARADIES KEUKENHOF (LISSE) ★ ★ ★

Vielen Deutschen ist er bereits ein Begriff: der Keukenhof. Über 800.000 Besucher kommen jedes Jahr nach Lisse, um diese riesige Gartenanlage voller Tulpen, Hyazinthen, Narzissen und anderer Frühlingsblumen zu bestaunen. Sieben Millionen Blumenzwiebeln werden Jahr für Jahr von Hand gepflanzt, um den Besuchern eine einmalige Farbenpracht zu präsentieren.

*Tausende roter Tulpen reihen sich aneinander, werden von sattem Grün abgelöst, daran grenzen unzählige weiße und lila Krokusse. Dazwischen tauchen immer wieder Skulpturen auf, denn der Keukenhof ist nicht nur **Hollands größtes Blumenparadies**, sondern beherbergt auch den **größten Skulpturengarten der Niederlande**. Superlativen, die nach eigenen Aussagen dazu führen, dass*

Flugfeld, die Sturmflutwehre schließen sich und die Schiffe gleiten durch den Hafen. Nebenbei bricht ein Feuer auf einem der Schiffe aus, das sofort gelöscht werden muss! Wer ein paar Cent dabei hat, kann sich sogar von einem Mini-Lkw einen Schokobonbon bringen lassen.

Rund 35 Personen sind ständig damit beschäftigt, bestehende Modelle auszubessern und **in Schuss zu halten** sowie neue Häuser und Brücken zu bauen. Dazu werden erst exakte Fotos vom Original gemacht und aus diesen Vorlagen maßstabsgetreue Modelle angefertigt, früher aus Holz und inzwischen aus Kunststoff. Das macht natürlich eine Menge Arbeit und alles muss perfekt sein, denn die Modelle sollen möglichst 30 Jahre lang im Freien Wind und Wetter trotzen. Geht jedoch ein Modell mal kaputt, dann wird es teuer. So kostet der Wiederaufbau einer Kathedrale bis zu 400.000 Euro!

der Keukenhof der meistfotografierte Ort der Welt ist. Das ist natürlich schwer zu beweisen, aber tatsächlich existiert kaum ein Buch über die Niederlande ohne Keukenhof-Fotos. Inzwischen hat man hier 60-jähriges Jubiläum gefeiert und Königin Beatrix persönlich gab sich die Ehre.

Schon immer stand der Keukenhof in einer engen Beziehung zum Adel, denn der Garten gehörte im 15. Jahrhundert zum Landgut der **Herzogin Jakoba von Bayern.** Wenn sich der Adel auf dem Landgut Slot Teylingen zur Jagd einfand, musste die Gesellschaft auch standesgemäß bekocht werden. Die Kräuter für das Jagdmahl kamen aus dem Garten der Herzogin, dem *keukenhof* („**Küchengarten**"). Nach dem Tod der Herzogin beauftragten **Baron und Baronin van Pallandt** den Landschaftsarchitekten Zocher, einen Garten im Stil eines englischen Landschaftsgartens zu entwerfen. Noch heute ist der englische Stil hier erkennbar – und auch der Name ist geblieben. Doch wie kamen die ganzen Blumen in den Keukenhof? Ganz einfach: Im Jahr 1949 organisierte der ehemalige Bürgermeister von Lisse im Keukenhof eine **Blumenausstellung** und so ist es bis heute geblieben.

Nicht nur für Königinnen oder Tulpenfreunde ist der Keukenhof eine Attraktion, auch für **Kinder** gibt es hier viel zu tun: in der Windmühle oder auf dem Spielplatz herumturnen, sich im Labyrinth verlaufen oder im Streichelzoo neue Freunde finden. Wer nach einem Spaziergang durch den 32 ha großen Park noch überschüssige Energie

hat, kann sich vor Ort ein **Fahrrad** (einschließlich Radwanderführer) mieten und durch die Tulpenfelder radeln. Für die Kleinen stehen Kinderfahrräder oder Kindersitze zur Verfügung. Unbedingt beachten: Der Keukenhof ist nur von **Mitte März bis Mitte Mai** geöffnet, denn dann stehen die Blumenzwiebeln und Bäume in voller Blüte.

> **Keukenhof,** Stationsweg 166A, Lisse, Tel. 0252 465555, www.keukenhof.nl, Mitte März bis Mitte Mai (2010: 18.3.– 21.5.) täglich von 8–19.30 Uhr, Eintritt: Erw. 13,50 €, Kinder (4–11 Jahre) 6,50 €, Parken 6 €, Rollstuhlverleih gratis. Seit Mitte März 2010 können Besucher vom Flughafen Schiphol oder dem Zentralbahnhof Den Haag einen durchgehenden Bus zum Keukenhof nutzen (Linie 89, Mo.–Fr. jede halbe Stunde, Busgesellschaft Connexxion). Kombitickets, die die Busfahrt und den Eintritt in den Keukenhof umfassen, gibt es in den Touristeninformationen (s. S. 106), an den Connexxion-Schaltern oder online unter www.keukenhof.nl (deutsch).

043dh Abb.: khof

► *Der Keukenhof ist eines der beliebtesten Ausflugsziele der Niederlande*

26 DELFT ★ ★ ★

*Delft, das von Den Haag aus per Stra-
ßenbahn in 15 Minuten erreichbar
ist, ist auf jeden Fall einen Abstecher wert. Man findet eine gemütliche mittelalterliche Universitätsstadt
mit zahlreichen interessanten Geschäften vor, in der jeden Samstag
zusätzlich ein schöner Wochenmarkt
lockt. Bill Clinton hat hier echte holländische „pannenkoeken" (Pfannkuchen) gegessen, als er als US-Präsident zum Staatsbesuch in den Niederlanden weilte, und Werner Herzog
drehte hier seinen Film „Nosferatu"
mit Klaus Kinski in der Hauptrolle.*

Für die Niederlande hat Delft deshalb so große Bedeutung, weil es die
„Wiege der Nation und das Grab der
Oranier" darstellt: **Willem van Oranje**
lebte in Delft, weshalb die derzeit etwa
100.000 Einwohner zählende Stadt
auch den Beinamen „Prinsenstad"
(„Prinzenstadt") trägt. 1584 wurde der Regent – ebenfalls in Delft –
von Balthasar Gérards ermordet.
Er liegt in der königlichen Gruft der
Nieuwe Kerk („Neue Kirche") am
Marktplatz begraben, so wie alle
wichtigen Nachfahren des Hauses
Oranien-Nassau, das die Niederlande seit damals regiert, hier ihre letz-
te Ruhestätte finden.

Delft ist **eine der ältesten Städte
der Niederlande,** erhielt bereits 1246
Stadtrechte und war im 17. Jahrhundert, dem „Goldenen Zeitalter der
Niederlande", zusammen mit Amsterdam, Dordrecht und Haarlem eine
der Metropolen der damaligen Republik der Vereinigten Niederlande.

Die Stadt ist eine **architektonische Perle,** weil ihr mittelalterliches
Gebäudeareal noch weitgehend erhalten ist. Besonders idyllisch sind
auch die **Delfter Grachten** wie etwa
die Voldersgracht oder die Oude Delft
und die Märkte in der Innenstadt sind
ebenfalls sehr sehenswert (Do. und
Sa. 9–17 Uhr).

Die Delfter **Universität,** die Nieuwe
Kerk mit der Gruft der Oranier, das
Rathaus und die frühere Stadtwaage
(„de Waag") sind auch jenseits der
Grenzen der Niederlande bekannt,
berühmt ist die Stadt aber auch wegen des wunderschönen, hier her-
gestellten Porzellans **„Delfts Blauw".**
Das Design des in blau-weiß gehaltenen Porzellans wurde dem chinesischen Porzellan nachempfunden und
auch das Know-how zur Herstellung
„importierten" die Niederländer aus
dem Reich der Mitte.

Weltbekannt wurde die Stadt auch
durch den Maler **Johannes Vermeer,**
der am 31. Oktober 1632 in Delft
geboren wurde und am 15. Dezember 1675 auch hier starb. Das Land-
schaftsgemälde „Ansicht von Delft"
(1661) mit dem dramatischen Wol-
kenhimmel über der Heimatstadt
des Malers ist neben dem Portrait
des „Mädchens mit dem Perlohr-
ring"(1665–1667) wohl das größte
Meisterwerk Vermeers, der Zeit seines Lebens nur 34 Gemälde auf die
Leinwand zaubern konnte. Vermeers
Bilder haben eine subtile und einzigartige Farbgestaltung und „geordne-
te Motive" – der malerische Gegensatz zum „chaotischen" Jan Steen.
Ähnlich wie Rembrandt gelang es Vermeer, durch seine unvergleichlichen
Farbkompositionen und die Licht- und
Schattenspiele Gemälde mit großer
Ausstrahlung zu kreieren. Die meisten seiner Werke sind im Den Haager
Mauritshuis **2** zu bewundern.

PRAKTISCHE
REISETIPPS A–Z

AN- UND RÜCKREISE

MIT DEM AUTO

Den Haag ist gut mit dem Auto erreichbar. Aus dem Osten fährt man via Utrecht auf der Autobahn A12, aus dem Süden über Rotterdam (Autobahn A13) und aus dem Norden, von Amsterdam kommend, via Autobahn A4. Reisenden aus Deutschland, Österreich und der Schweiz sei die linksrheinische Route auf der deutschen A61 über Koblenz nach Venlo empfohlen, von wo aus man über die A67 Richtung Eindhoven, Tilburg, Breda und Rotterdam nach Den Haag gelangt. Es ist aber auch möglich, die A3 via Köln nach Arnheim und von dort über die A12 Richtung Utrecht weiter nach Den Haag zu fahren.

MIT DER BAHN

Auch mit der Bahn ist Den Haag gut zu erreichen, wobei man darauf achten sollte, dass es in Den Haag zwei größere Bahnhöfe gibt: den **Zentralbahnhof (Den Haag Centraal Station)** und den Bahnhof **Hollands Spoor**. Beide Bahnhöfe liegen nicht weit auseinander und haben eine sehr gute Anbindung an die öffentlichen Verkehrsmittel. Wer vom Bahnhof aus ins Zentrum laufen möchte, sollte den Zentralbahnhof wählen, von dem man die meisten Sehenswürdigkeiten gut zu Fuß erreichen kann.

Reisende, die mit dem Zug nach Den Haag fahren und in Amersfoort oder Utrecht umsteigen müssen, sollten auf eine – manchmal schwerwiegende – Kleinigkeit achten: Zum Teil gibt es in Holland **zweigeteilte Züge**, von denen ein Abschnitt nach Den Haag und der andere nach Rotterdam fährt. Es ist auf den Anzeigen im Bahnhof nicht immer klar zu erkennen, welcher Teil nun wohin fährt. Am besten schaut man auf die Anzeige am Zug oder fragt einen der vielen Mitreisenden.

❭ Fahrpläne und Reiseauskunft unter www.bahn.de oder www.ns.nl

MIT DEM FLUGZEUG

Wenn man mit dem Flugzeug in die Niederlande fliegt, kommt man meist auf dem **Schiphol Airport** an, der südlich von Amsterdam liegt und mit jährlich rund 45 Millionen Passagieren der viertgrößte Flughafen Europas ist. Von dort kann man mit dem Zug in ca. 40 Minuten in Den Haag sein. Mit dem Auto oder dem Taxi geht es genauso schnell, vorausgesetzt, es ist kein Stau auf der A4, die von Amsterdam nach Den Haag führt. Eine **Taxifahrt** von Schiphol nach Den Haag kostet um die 75 €, eine **Zugfahrt** ist weitaus günstiger und kostet 7,60 €.

Ein weiterer Flughafen in der Nähe ist **Rotterdam-The Hague Airport**. Von hier nimmt man nach Den Haag am besten ein Taxi (Preis etwa 60 €). Beide Flughäfen werden auch von sogenannten „Billigfliegern" angeflogen.

❭ www.schiphol.nl
❭ www.rotterdam-airport.nl

◀ *Vorseite: Duinrell (s. S. 113) ist Freizeitpark, Campingplatz und Badeparadies zugleich*

AUTOFAHREN

PARKEN

In Den Haag einen **Parkplatz** zu finden, ist ziemlich schwer. Hat man dennoch das Glück, einen freien Platz zu finden, sollte man genau überprüfen, ob ein **Parkschein** benötigt wird (an Automaten erhältlich), denn selbst wenn man nur fünf Minuten zu spät zu seinem Auto kommt und die Parkdauer bereits abgelaufen ist, kann man mit 50 € zur Kasse gebeten werden. Am besten fährt man daher in ein **Parkhaus**, was allerdings meist ein recht teurer Spaß ist, oder man benutzt gleich die **öffentlichen Verkehrsmittel**. Vor allem an einem schönen Sommertag sollte man auch nicht auf die Idee kommen, mit dem Auto an den Strand zu fahren, denn hier staut sich der Verkehr kilometerweit und Parkplätze sind sowieso nicht zu finden.

AUTOVERMIETUNG

> **Rent500**, Pegasusstraat 11, 2516 Den Haag, info@rent500.nl, www.rent500.nl, Tel. 070 3819333
> **AutoRent KÖHLER**, Binckhorstlaan 342, 2516 Den Haag, Tel. 070 3809094, kohler@kohler.nl, www.kohler.nl

BARRIEREFREIES REISEN

Einrichtungen und Serviceleistungen für Menschen mit Behinderung sind in den Niederlanden generell überdurchschnittlich. So sind auch in Den Haag die **öffentlichen Gebäude** für Rollstuhlfahrer gut zugänglich, ebenso die meisten **Museen** wie Gemeentemuseum ㉓, GEM (s. S. 50) und das dazugehörige Café. Auch den Keukenhof ㉕ kann man gut mit Rollstuhl besichtigen. Dort kann man sich sogar gratis Rollstühle ausleihen.

Auch ein **Strandbesuch** ist für gehbehinderte Menschen möglich. Dazu können in den Sommermonaten sogenannte *jutter* (Rollstühle mit speziellen Luftschläuchen) ausgeliehen werden, mit denen man auf den Strand fahren kann. Erhältlich sind die *jutter* bei dem Fahrradverleih Biesieklette in Scheveningen und Kijkduin (Tel. 070 3942211).

Die meisten größeren **Hotels** haben behindertengerechte Zimmer und wer mit dem **Zug** nach Den Haag reist und Hilfe beim Umsteigen benötigt, kann diese über das **Bureau Assistentieverlening Gehandicapten** arrangieren (Tel. +31 (0)30 2357822).

Weitere Informationen über Angebote für Menschen mit Behinderung sind in den niederländischen Touristeninformationen vom VVV (s. S. 106) oder unter www.niederlande.de (Suchwort „Behinderte") erhältlich.

DIPLOMATISCHE VERTRETUNGEN

- **130** [B6] **Deutsche Botschaft Den Haag**, Groot Hertoginnelaan 18–20, www.den-haag.diplo.de, Tel. +31 (0)70 3420600
- **131** [G7] **Österreichische Botschaft Den Haag**, Van Alkemadelaan 342, Tel. +31 (0)70 3245470, www.bmeia.gv.at/botschaft/den-haag.html
- **132** [D8] **Schweizerische Botschaft Den Haag**, Lange Voorhout 42, Tel. +31 (0)70 3642831, www.eda.admin.ch/denhaag

GELDFRAGEN

Den Haag ist eine Stadt am Meer und eine Stadt, in der viele Politiker, Diplomaten und Manager wohnen und arbeiten – das spiegelt sich auch in den Preisen wider. Prinzipiell sind die Ausgaben fürs Ausgehen und Einkaufen etwas höher als in Deutschland. Für eine **Übernachtung** im Doppelzimmer (zwei Personen) muss man in Hotels mit einem Preis von ca. 120 € rechnen, im Bed and Breakfast zahlt man etwa 75 €. **Eintrittspreise** liegen bei Museen um die 10 €. Eine einzelne Fahrt mit **Bus** oder **Straßenbahn** kostet um die 2,40 € (natürlich abhängig von der Entfernung). Besser kommt man weg, wenn man eine *strippenkaart* mit 8 oder 15 Streifen kauft. Diese gibt es bei den HTM-Verkaufsstellen an den Bahnhöfen, in Tabakgeschäften, kleinen Drogerien oder bei der Post.

INFORMATIONS-QUELLEN

INFOSTELLEN ZU HAUSE

Für Informationen über Den Haag wendet man sich am besten an das **Niederländische Büro für Tourismus und Convention (NBTC)**, das für Deutschland, Österreich und die Schweiz zuständig ist.

> Niederländisches Büro für Tourismus & Convention, Hohenstaufenring 30–32, 50674 Köln, info@niederlande.de, www.niederlande.de, Tel. +49 (0)221 92571721, Fax +49 (0)221 92571737

INFOSTELLEN IN DER STADT

Die **Touristeninformationen** in den Niederlanden tragen die Abkürzung **VVV**. Sie sind in jeder Stadt zu finden, so auch im Zentrum von Den Haag und in Scheveningen. Beim VVV bekommt man allerlei Prospekte, Karten, Bücher und Souvenirs sowie Fahrkarten für die öffentlichen Verkehrsmittel *(strippenkaart)*. Auch kann man hier Stadtführungen und Veranstaltungen buchen.

> **133** [C8] **VVV Den Haag Zentrum,** Hofweg 1, Tel 0900 3403505, Öffnungszeiten: tägl. 10–18 Uhr, Sa. 10–17 Uhr, So. 12–17 Uhr. Man kann hier auch

DEN HAAG PREISWERT

> Jedes Jahr (meist im März) findet in Den Haag die „*Restaurant-Woche*" statt. Während dieser Zeit kann man in vielen Restaurants, die sonst teuer sind, abends ein Drei-Gänge-Menü für 25 € und mittags für 20 € bekommen. Es ist aber eine Reservierung über www.restaurantweek.nl (auch in Englisch) erforderlich.

> *Gratis Kaffee:* Da die Holländer überaus große Kaffeefans sind, wird einem auch häufig ein „bakje", eine Tasse Kaffee, angeboten. So bekommen Herren in den „besseren" Geschäften z. B. einen Kaffee, wenn sie beim Einkaufsbummel etwas länger auf ihre Frauen warten müssen, aber auch in vielen Supermärkten steht ein Kaffeeautomat, an dem man sich umsonst bedienen kann.

> *Korting Cards:* In den Verkaufsstellen der Touristeninformationen liegen Karten oder Broschüren aus, mit denen man eine Ermäßigung („korting") auf viele Eintrittspreise erhält.

ins Internet, allerdings gibt es nur einen Computer (1,50 € / 10 Min.).

❶134 [E9] **VVV Den Haag,** Koningin Julianaplein 30, Tel. 070 3385800

Der niederländische **ANWB** entspricht dem deutschen ADAC. In den Niederlassungen gibt es eine große Auswahl an Straßen-, Wander- und Radkarten.

❶135 [F7] **ANWB Ost,** Wassenaarseweg 220, Tel. 088 2696013, www.anwb.nl, Mo.–Fr. 9–17.30 Uhr, Do. bis 21 Uhr (nur im Sommer), Sa. 9–17 Uhr

❶136 ANWB West, De Savornin Lohmanplein 10, Tel. 070 3685650, www.anwb.nl, Mo. 11–18 Uhr, Di.–Fr. 9.30–18 Uhr, Do bis 21 Uhr (nur im Sommer), Sa. 9.30–17 Uhr

▲ *In den Touristeninformationen des VVV gibt es Auskünfte auch auf Deutsch*

DIE STADT IM INTERNET

❯ **www.niederlande.de/de/inderstadt/ denhaag:** Die offizielle Seite von Den Haag Marketing in Zusammenarbeit mit dem Niederländischen Büro für Tourismus & Convention enthält viele gute und ausführliche Informationen über Den Haag und Scheveningen (auf Deutsch).

Neues erfahren

In der Stadtbibliothek im neuen Rathaus **⓮** kann man kostenlos Zeitungen und Zeitschriften (vor allem auch deutsche/internationale) lesen. Dort gibt es auch einen WLAN-Zugang für das eigene Laptop sowie Computer mit Internetzugang (Kosten: 1,60 € / 30 Min.).

❯ **Stadtbibliothek,** Mo. 12–21 Uhr, Di.–Fr. 10–21 Uhr, Sa. 11–17 Uhr, So. (außer Mai–August) 12–17 Uhr

Die wichtigsten Sehenswürdigkeiten werden vorgestellt, alle nennenswerten Veranstaltungen genannt und zahlreiche Hotels beschrieben.

› **www.denhaag.com:** Website der Stadt Den Haag und der Den Haager Marketinggesellschaft. Die Website ist nur teilweise auf Deutsch, aber auch in der englischen Version findet man interessante Fakten über „The city of peace and justice" und das Leben und Arbeiten in der internationalen Regierungsstadt.

› **www.denhaagcentraal.net:** Wer Niederländisch versteht, kann hier die Den Haager Wochenzeitung online lesen.

› **www.denhaagagenda.nl:** Was ist los in Den Haag? Auf dieser Website kann man es herausfinden: Veranstaltungen, Ausstellungen und Restauranttipps in niederländischer und englischer Sprache.

› **www.vandaagnaardenhaag.nl:** Die wichtigsten Attraktionen Den Haags, vor allem für Kinder, werden mit einem kurzen Film vorgestellt. Auch wenn die Website auf Niederländisch ist, so bekommt man doch einen guten ersten Eindruck von Sea Life, Madurodam & Co.

› **www.uliholland.com:** deutsche Website über Scheveningen mit zahlreichen Fotos und praktischen Tipps

› **www.thehagueonline.com:** Englische Website über Den Haag, die sich vor allem an Ausländer, die vorübergehend in Den Haag wohnen, und Mitarbeiter von internationalen Organisationen richtet und auch einen tagesaktuellen Veranstaltungskalender anbietet.

PUBLIKATIONEN UND MEDIEN

› **Den Haag Agenda.** Ein Veranstaltungskalender (auf Niederländisch, www.denhaagagenda.nl) für Den Haag, der kostenlos in vielen Kneipen, Restaurants und Hotels ausliegt. Der gleiche Verlag publiziert auch einen Veranstaltungskalender für Scheveningen.

■ UNSERE LITERATUR- UND MEDIENTIPPS

Die folgenden Werke geben einen guten Einblick in Den Haag/Scheveningen und die gesamten Niederlande:

› *Louis Couperus, „**Eline Vere**". Der klassische Den-Haag-Roman, der auch verfilmt wurde, schildert das Bürgertum Den Haags im 19. Jh. Leider gibt es das Buch nicht in deutscher Übersetzung.*

› *Friso Wielenga, „**Die Niederlande – Politik und politische Kultur im 20. Jahrhundert**", Waxman Verlag, 2008. Eine hervorragende Analyse über die Niederlande, ihre politische Kultur und die Gesellschaft*

› *Marc Drogenmöller, „**Zwei Schwestern in Europa – Deutsche und niederländische Sozialdemokratie 1945–1990**", Vorwärts Buch, 2008. Joop den Uyl und Willy Brandt waren gute Freunde, genau wie die deutsche SPD und die niederländische Schwesterpartei PvdA.*

› *Auswärtiges Amt, „**Huis Schuylenburch**", Dumont, 2005. Portrait der Den Haager Botschaft der Bundesrepublik Deutschland*

› *„**Swartboek**" („**Black Book**"), 2006. Der Film von Paul Verhoeven wurde 2006 in Den Haag gedreht und handelt vom Widerstand einer jüdischen Frau gegen die Nazis, die die Niederlande besetzen.*

› **Leven,** www.levenmagazine.nl. „Glossy" Stadtmagazin (auf Niederländisch), das vielerorts kostenlos ausliegt.

› **Global The Hague,** www.globalthehague.com. Ebenfalls ein kostenloses

Stadtmagazin (auf Englisch und Niederländisch), das man in vielen Kneipen, Hotels und Cafés findet.

❭ **The Hague Tram Walk.** Infobroschüre, mit der man Den Haag per Straßenbahn entdecken kann. Erhältlich in den Touristeninformationen (s. S. 106)

❭ **AD Allgemeen Dagblad – Haagsche Courant,** www.ad.nl. Regionalzeitung (auf Niederländisch) mit täglicher Sonderbeilage über Den Haag

❭ **Den Haag Centraal.** Die Lokalzeitung Den Haags (auf Niederländisch, www. denhaagcentraal.net)

❭ **Evenementen Den Haag.** Ein monatlich publizierter Übersichtskalender (auf Englisch und Niederländisch) von Den Haag Marketing, in dem alle Events aufgeführt sind, die in Den Haag stattfinden.

INTERNETCAFÉS

Die Gebühren fallen recht unterschiedlich aus, wenn man sich mal kurz mit seinem Laptop im Internet einloggen will. Das Nobelhotel Des Indes ❾ verlangt gleich 20 € für eine halbe Stunde, in den Hotels und Cafés, in denen jüngere Leute verkehren (zum Beispiel Coffee Company, s. S. 42), ist der Internetzugang oft kostenlos.

@137 [B1] **Strandpavillon Wij,** Strandweg 1. Freier Internetzugang, allerdings müssen Getränke oder Essen bestellt werden.

Wer kein eigenes Laptop dabei hat, kann in der **Stadtbibliothek** im neuen Rathaus ⓮, der **VVV Den Haag Zentrum** (s. S. 106) oder einem Internetcafé ins Internet gehen.

@138 [B7] **Internetcafé Den Haag,** Elandstraat 48, tägl. 15–24 Uhr, außer Sa., 1,25 €/15 Min.

MEDIZINISCHE VERSORGUNG

In den Niederlanden herrscht das sogenannte **Hausarztsystem.** Wenn es kein Notfall ist, geht der Holländer also erst einmal zu seinem Hausarzt, um sich von diesem dann zum entsprechenden Spezialisten überweisen zu lassen, der in der Regel im Krankenhaus Sprechstunde hält. Wer als deutscher Urlauber in den Niederlanden zum Hausarzt oder ins Krankenhaus geht, sollte eine **Europäische Krankenversichertenkarte** (**EHIC**) dabeihaben, damit keine Kosten für ihn anfallen. Hat man diese europäische Versichertenkarte noch nicht, sollte man sich als Mitglied einer gesetzlichen Krankenkasse um einen **Auslandskrankenschein** kümmern. Braucht man als Tourist ärztliche Hilfe, dann gibt es folgende Möglichkeit:

🔴148 [D3] **International Health Centre The Hague,** Prins Willemstraat 41, Scheveningen, www.internationalhealth. nl, Tel. 070 3065111, Mo.–Fr. 8–19 Uhr, Sa. 10–14 Uhr, Bus 23 (Haltestelle Prins Willemstraat) und Straßenbahn 1 (Haltestelle Duinstraat). Im Health Center haben sich u. a. ein Allgemeinmediziner, ein Internist und ein Apotheker niedergelassen, die Deutsch sprechen. Außerhalb der Öffnungszeiten ist der **SMASH** (Stichting Mobiele Artsen Service Haaglanden) für Notfälle zuständig (Tel. 070 3469669, ab 17 Uhr). Entweder wird einem direkt am Telefon geholfen oder man bekommt den nächsten Arzt genannt, der Notdienst hat. Niederländisch muss man dafür nicht können, mit Englisch und Deutsch kommt man auch gut weiter.

🔴149 [G6] **Bronovo Hospital,** Bronovolaan 5, Den Haag, Tel. 070 3124141 und 3124445 (Notfälle), www.bronovo.nl

NOTFALL-NIEDERLÄNDISCH

Notdienst	*spoedeisende hulp*
Hausarzt	*huisarts*
Krankenhaus	*ziekenhuis*
Schmerzen	*pijn*
Wartezimmer	*wachtruimte*
Zahnarzt	*tandarts*
Apotheke	*apotheek*
Krankenwagen	*ambulance/ ziekenauto*

(auch englisch), Bus 22 und 23, Haltestelle Bronovo Ziekenhuis. Hier lässt sich auch die Königsfamilie behandeln und man ist auf Ausländer eingestellt.

●150 **HagaZiekenhuis** (für Erwachsene) und **Kinderkrankenhaus Juliana Kinderziekenhuis**, Sportlaan 600, Den Haag, Tel. 070 2100000 bzw. 2106646 (Notfälle), www.hagaziekenhuis.nl (auch englisch), Straßenbahn 12, Haltestelle Sportlaan, und Bus 24, direkt vor der Tür. Wird ein Kind stationär aufgenommen, können die Eltern auch nachts beim Kind bleiben, ab zwei Tagen kann ein Zimmer im Ronald-McDonald-Haus auf dem Dach des Krankenhauses bezogen werden.

❭ Wen abends, nachts oder am Wochenende **Zahnschmerzen** plagen, der bekommt unter Tel. 070 3110305 einen Notfallzahnarzt genannt. Tagsüber muss man sich im Telefonbuch oder über das Internet (www.tandarts.startpagina.nl) einen Zahnarzt in der Nähe suchen.

Um die gängigen Mittel wie Magen-, Grippe- und Schmerzmittel zu kaufen, kann man in eine Drogerie gehen (z. B. zu Etos, Kruidvat oder Trekpleister). Stärkere Arzneimittel gibt es dagegen nur in der Apotheke. Hier ein paar Adressen:

●151 [B4] **Van Greuningen**, Statenlaan 40, Tel. 070 3551343, Mo.–Fr. 8.30–18 Uhr, Sa. 10–13 Uhr, Straßenbahn 17, Haltestelle Frederik Hendriklaan (hält direkt vor der Tür). Da im Statenkwartier viele Ausländer wohnen, ist man in dieser Apotheke darauf eingestellt. Das ist insofern hilfreich, da Medikamente in manchen Ländern ganz andere Namen haben als in den Niederlanden.

❭ **International Health Pharmacy** im International Health Care Center (s. S. 109)

❭ **Bronovo apotheek,** (Notfallapotheke) im Bronovo Hospital (s. S. 109), abends, nachts und am Wochenende sowie an Feiertagen.

❭ Auch über das Internet kann eine Apotheke gesucht und gefunden werden: **www.apotheek.nl**

MIT KINDERN UNTERWEGS

Die Niederlande sind ein **familienfreundliches Land.** Kinder werden hier relativ locker erzogen. Sie dürfen ruhig auch etwas lauter toben und es gibt ausreichend Angebote für die Kleinen. Das fängt bei den Spielplätzen an und führt über die sogenannten *kinderboerderijen* („Kinderbauernhöfe") bis hin zu Museen für Kinder. Auch in Den Haag gibt es so viele Attraktionen, dass dem Nachwuchs sicherlich nicht langweilig wird. Das interessanteste Ereignis, zumindest für die kleineren Kinder, dürfte ein Besuch in **Madurodam ㉔** sein. Auch

▶ *Der kleine Bruder des weißen Hais: ein Nordseehai im Sea Life*

wenn der Eintritt nicht gerade günstig ist, so sollte man „Holland in klein" nicht verpassen und auch für Erwachsene ist es ein unvergessliches Erlebnis. Von Madurodam fährt man nur ca. 1,5 km bis zum Museumsviertel im Statenkwartier ㉒, wo sich das Museon (s. S. 112), das Omniversum (s. S. 112) und – für die Erwachsenen – das Gemeentemuseum ㉓ und das GEM (s. S. 50) befinden – ideal also, um Kinder- und Erwachsenenwünsche zu kombinieren. Von dort aus ist man auch schnell am Hafen ㉑ und am Strand von Scheveningen, wo das Museumsschiff und Sea Life auf die kleinen Besucher warten.

DEN HAAG FÜR KINDER

● **139 Dampflok im Zuiderpark,** Mr. P. Droogleever Fortuynweg 79, Sonn- und Feiertage zwischen 12.30 und 16.30 Uhr, Eintritt: 2 € für eine Fahrt (12 Minuten), Straßenbahn 9, Haltestelle Zuiderpark. Der blaue Dampflokzug fährt durch einen Teil des Zuiderparks. Und natürlich können Erwachsene und Kinder eine Runde mitfahren. Ein Besuch im Zuiderpark ist aber auch wegen der vielen anderen Attraktionen lohnenswert. So gibt es hier ein Schwimmbad, eine Rollschuhbahn, ein Bowlingscenter und einen Kinderbauernhof.

🏛 **140** [C7] **Museum für Kommunikation,** Zeestraat 82, www.muscom.nl, Di. – Fr. 10 – 17 Uhr, Sa., So. und Feiertage 12 – 17 Uhr, Eintritt: 7,50 €, Senioren 6 €, Kinder (4 – 12) 4 €, Straßenbahn 1, 10 und Bus 22, 24, Haltestelle Javastraat. Das Museum für Kommunikation hat eine lange Entstehungsgeschichte und war mal Museum für Post und Telefonie. Inzwischen richtet es sich vor allem an Kinder und behandelt alle Themen rund um Kommunikation. In wechselnden Ausstellungen geht es beispielsweise um Kinderbriefmarken oder das Briefgeheimnis. Doch die Highlights sind das alte Postamt aus den 1950er-Jahren, die Briefsortiermaschine und die vielen alten Telefone. Und das Schönste ist: Die Kinder dürfen selbst Postbote spielen, ein Telex auf einer alten Maschine verschicken oder in der Telefonzentrale die Verbindungen mit der Hand selbst stecken. Leider gibt es alle Informationen nur auf Niederländisch, aber das dürfte niemanden davon abhalten, zum Telefonhörer zu greifen oder auf der alten Schreibmaschine loszutippen.

SCHEVENINGEN FÜR KINDER

● **141** [E2] **Kinderboerderij (Kinderbauernhof),** Stadsboerderij t'Waaygat, Havenkade 75, Tel. 070 3546542, Di. – So. 9 – 17 Uhr, Eintritt frei, Straßenbahn 1 und Bus 23, Haltestelle Badhuiskade. Dieser „Kinderbauernhof" liegt mitten in Scheveningen und ist die Heimat von vielen Schafen, Ziegen, einer Kuh, Ferkeln, Kaninchen, Hühnern, Meerschweinchen

046dh Abb.: ug

und Tauben. Den ganzen Tag über können Kinder hier den Tieren zuschauen, Ziegen und Meerschweinchen streicheln oder gleich selbst mithelfen. Wer keine Lust mehr hat, geht auf den direkt angrenzenden Spielplatz mit Seilbahn, Skatepark, kleinem Fußballplatz und Schaukel.

🏛 **142** [B4] **Museon**, Stadthouderslaan 37, Tel. 070 3381338, www.museon.nl, Di.–So. 11–17 Uhr, Eintritt: Erw. 7,50 €, Kinder (4–11 Jahre) 4 €, Jugendliche (12–18 Jahre) 6 €, Straßenbahn 17 und Bus 24, Haltestelle Gemeentemuseum/Museon. Ein Museum ganz für Kinder! Auch wenn die Erklärungstafeln nur in niederländischer und englischer Sprache existieren – im Museon gibt es so viel zu entdecken, dass man sowieso keine Zeit zum Lesen hat. Hier kann man mit einem Knopfdruck ganze Wasserströme in Bewegung setzen, dort lacht einen ein Dinosaurierskelett an und um die Ecke bewachen die ersten Küstenbewohner ihre prähistorische Hütte. Das Museon bietet immer wieder interessante

Wechselausstellungen, hat aber im ersten Stock eine Dauerausstellung zum Thema „Der Mensch und seine Welt". Ein Tipp für verregnete Tage: Mittwoch- und sonntagnachmittags können die Kinder im Museon basteln.

🏛 **143** [C2] **Museumsschiff Mercuur**, Dr. Lelykade (Tweede Binnenhaven Scheveningen), Tel. 070 3540315, www.museumschip-mercuur.nl, Di.–So. 10–17 Uhr, von 1. Nov.–1. Apr. nur Mi., Sa., So. geöffnet, Eintritt: Erw. 2,50 €, Kinder 1,50 €, Straßenbahn 11 und 17, Haltestelle Statenlaan. Wo haben die Matrosen geschlafen? Wie sieht ein Schiffsmotor aus? Diese und viele andere Fragen kann man sich bei einer Besichtigung der Mercuur beantworten lassen. Kajüten, Kombüse, die Messe, Motorraum und selbst die Duschen können besichtigt werden. Das Minensuchboot stammt ursprünglich aus Amerika und wurde 1957 gebaut.

🅺 **144** [B4] **Omniversum**, President Kennedylaan 5, Tel. 0900 6664837, www.omniversum.nl, Preise: Erw. 9,75 €,

Kinder (bis 11 Jahre) 7,50 €, Straßenbahn 17 und Bus 24, Haltestelle Gemeentemuseum/Omniversum. Die perfekte Möglichkeit, etwas ältere Kinder zum Englischüben zu bewegen, ist eine Besuch im IMAX-Kino Omniversum. Alle Filme werden auf Niederländisch gezeigt (bis auf „Van Gogh", den es auch auf Deutsch gibt), doch man kann ein „Ohrtelefon" mit der englischen Übersetzung bekommen. Das einzige IMAX-Kino in Benelux war auch das erste in ganz Europa. Auf die riesige Kuppel werden die Filme in einer 500-fachen Vergrößerung projiziert, unterlegt mit Geräuschen aus rund 40 Lautsprechern. So bekommen die Zuschauer das Gefühl mitten im Geschehen zu sitzen.

●**145** [D5] **Sandspielplatz Scheveningen,** Ary van der Spuyweg/Ecke Scheveningse Weg, Straßenbahn 1 und 10, Haltestelle Ary van der Spuyweg. Sonniger Sandspielplatz am Rande der Scheveningse Bosjes (Park) mit Schaukeln, Wippen, Rutschen und einem großen Spielboot zum Klettern.

🚠**146** [F1] **Sea Life,** Strandweg 13 (Boulevard Scheveningen), Tel. 070 3542100, www.sealife.nl, täglich 10–19 Uhr, Eintritt: 8,50–12,50 €, Straßenbahn 1 oder 9, Haltestelle Kurhaus. Großaquarien gibt es inzwischen auf der ganze Welt, so auch in Scheveningen. Im Sea Life können die Kids durch einen Haitunnel laufen und Plattfische streicheln.

❯ **Westbroekpark** (s. S. 54), Eintritt: gratis. Im Westbroekpark gibt es für Kinder eine große Spielwiese, einen Bootsverleih mit Kiosk und einen Spielplatz mit Seilbahn, Rutschen und Schaukeln.

◀ *Streicheln erwünscht – die Tiere vom Kinderbauernhof sind sehr zutraulich*

WASSENAAR MIT KINDERN

●**147 Duinrell,** Duinrell 1, Wassenaar, Tel. 070 5155258, www.duinrell.nl, Anfang April bis Ende Oktober tägl. 10–17 Uhr, Eintritt Erlebnispark und Tikibad: ab 20 €, Bus 90 von Centraal Station Den Haag Richtung Haarlem oder Bus 91 Richtung Wassenaar, Haltestelle Duinrell. Klettern, rutschen, Boot und Achterbahn fahren, auf dem Floß übers Wasser, nass werden, sich im Kreise drehen – Duinrell ist ein Erlebnispark vom Feinsten. Große Kinder kommen in der Achterbahn und im Splash auf ihre Kosten. Für die Kleinen gibt es eine Märchenwelt und eine Eisenbahnfahrt durch die Trollengrotte. Und danach ab ins Tikibad, wo superschnelle Wasserrutschen, ein Wellenbad und der Lazy River warten.

NOTFÄLLE

❯ **Allgemeiner Notruf** (Polizei, Feuerwehr und Krankenwagen): Tel. 112
❯ **Feuerwehr** (in nicht lebensbedrohenden Fällen): Tel. 070 3591591
❯ **Polizei** (in nicht lebensbedrohenden Fällen): Tel. 0900 8844
❯ **Kartensperrungen:** Tel. +49 116116 oder Tel. +49 3040504050
❯ **Fundbüro:** Fundgegenstände werden in der nächstgelegenen Polizeistation eine Woche lang aufbewahrt, danach wendet man sich ans Büro Zichtenburg (Zichtenburglaan 240, Den Haag, Tel. 0900 8844, 10–15 Uhr)
❯ **Zentrales Fundbüro der niederländischen Bahn:** Tel. 030 2353923 (Mo.–Fr. 9–16 Uhr)
❯ **ANWB Pannendienst:** Tel. 0800 0888 (kostenlose Telefonnummer)
❯ **Apotheken-Hotline:** Tel. 070 3451000
❯ **Zahnarzt-Hotline** (für Abend- und Wochenenddienst): Tel. 070 3110305
❯ **Tier-Ambulanz:** Tel. 070 3282828

ÖFFNUNGSZEITEN

Gute Nachricht für alle Shopping-Fans: Im Zentrum von Den Haag haben viele **Geschäfte** auch am Sonntag geöffnet, und zwar von 12 bis 18 Uhr (leider ist die Stadt dann auch sehr voll). Ansonsten entsprechen die Öffnungszeiten nicht immer dem deutschen Standard, denn Geschäfte schließen teilweise schon um 17.30 Uhr. Die großen Supermärkte dagegen haben bis 20 oder auch 22 Uhr geöffnet (zum Beispiel Albert Heijn, s. S. 28). Nur am **Montagmorgen** sollte besser niemand auf die Idee kommen, z. B. frische Brötchen einzukaufen, denn **fast alle Geschäfte haben geschlossen** (Ausnahme: Albert Heijn).

Für Menschen, die lange arbeiten müssen, und Vergessliche gibt es in Holland die **avondwinkel**. Das sind meist kleine Tante-Emma-Läden in den Stadtteilen, die auch am Abend bis Mitternacht geöffnet haben (z. B. avondwinkel De Nachtwacht in der Keizerstraat 43 oder Twinny's in der Aert van der Goesstraat 10, beide Scheveningen). Hier bekommt man neben Zigaretten, Zeitungen und Fahrscheinen für Bus und Straßenbahn natürlich auch frische Milch und Joghurt, Brot und Wurst, Mineralwasser und Bier, Konserven und manchmal auch frisches Gemüse.

An einem Donnerstag Ende Juni findet in Den Haag eine *shoppingnight* statt, in der die Geschäfte bis Mitternacht geöffnet haben. In dieser Nacht profitieren die Kauflustigen zusätzlich von Rabatten und vielen Veranstaltungen (www.shoppingnight.nl).

Die **Museen** in Den Haag haben am Montag geschlossen. Auch an Weihnachten und an Neujahr ist ein Museumsbesuch nicht möglich.

Die großen **Banken** haben meist eine Filiale in der Innenstadt und sind durchgängig von 9 bis 17 Uhr geöffnet.

POST

Briefmarken gibt es meist auch in Schreibwarengeschäften, Kiosken und kleinen Drogerien zu kaufen. Es gibt Briefmarken für die Niederlande und welche für Europa, die teurer sind. Ob man einen Brief oder eine Postkarte schreibt ist egal, es kommt nicht auf das Format, sondern auf das Gewicht an. Das Porto für eine normale Postkarte/einen Brief innerhalb Europas bzw. in die Schweiz kostet 0,74 €.

✉ **152** [B8] **TNT Postkantoor (Postamt)**, Kerkplein 6, Straßenbahn 17, Haltestelle Gravenstraat, geöffnet Mo.–Fr. 7.30–18.30 Uhr, Do. bis 21 Uhr, Sa. 9–17 Uhr

RADFAHREN

Holland ist das **Land der Radfahrer.** Mit keinem anderen Fortbewegungsmittel lässt sich das „Holland-Feeling" so gut erleben. An jeder Straße führt parallel ein Radweg entlang, es stehen überall Metallbügel, um die Fahrräder anzuketten, und an vielen Plätzen gibt es auch bewachte Fahrradparkplätze, bei denen man für ein

▶ *Wer sein Fahrrad behalten möchte, parkt es es am besten auf einem bewachten Fahrradparkplatz*

MIT DEM „FIETS" UNTERWEGS

Ist in Deutschland das Fahrrad mitunter ein Statussymbol mit Turbogangschaltung, Scheibenbremssystem und „Full-Suspension", so ist für den Holländer das „fiets", also das Fahrrad, ganz pragmatisch ein **Fortbewegungs- und Transportmittel.** *Die meisten Holländer haben ein „omafiets", also ein schwarzes Hollandrad, das an Omas Zeiten erinnert. Selbst bei Jugendlichen ist es wieder „cool", auf einem „omafiets" zu fahren.*

Mitgeschleppt wird auf dem Fahrrad alles: Eine ganze Kindergruppe findet im „bakfiets" Platz. Der Surfer radelt barfuß im Neoprenanzug an den Strand, natürlich mit seinem Surfbrett in der Hand. Es werden Leitern und Bierkästen durch die Gegend geradelt. Der Hund wird im Fahrradkorb untergebracht, die Freundin auf dem Gepäckträger. Insgesamt legen die Niederländer ungefähr 14 Milliarden Kilometer jährlich auf ihrem Fahrrad zurück. Das sind flotte 2,5 Kilometer pro Person an einem einzigen Tag! In Den Haag und Umgebung gibt es dementsprechend viele Radwege – durch die Dünen, die Parks, an fast jeder Straße und am Wasser entlang.

Die **Fahrweise** *der Holländer ist beeindruckend, weil vollkommen anarchistisch: Rote Ampeln werden locker ignoriert, gegen die Einbahnstraße darf sowieso gefahren werden und wer die Hand raushält, weil er um die Ecke fährt, muss ein Deutscher sein. Das Gleiche gilt für Radfahrer mit* **Fahrradhelmen,** *die in den Niederlanden noch nicht einmal der dreijährige „fiets beginner" trägt.*

In den Niederlanden werden pro Jahr übrigens **rund 5,4 Millionen Fahrräder gestohlen.** *Jedes dritte Fahrrad, das man sieht, wird somit nicht vom eigentlichen Besitzer gefahren. Wer also in den Niederlanden Urlaub machen möchte und sein Rad mitnimmt, sollte auch ein gutes Schloss im Gepäck haben.*

paar Cent sein Fahrrad stehen lassen kann. Nachdem es in Den Haag außer in den Dünen so gut wie keine Steigungen gibt, ist ein einfaches Hollandrad ohne Gangschaltung durchaus ausreichend.

> **Fietsverhuur (Fahrradverleih) am Bahnhof Centraal Station,** Koningin Julianaplein 10, Tel. 070 3853235, www.rijwielshopdenhaag.nl, tägl. 5.30–2 Uhr, Fahrrad 6,50 € pro Tag, 50 € Kaution, Ausweis notwendig

> **Fietsverhuur Den Haag,** Noordeinde 59, info@fietsverhuurdenhaag.nl, www.fietsverhuurdenhaag.nl, Tel. 070 3265790, Sa. 9–20 Uhr, So.–Fr. 9–18 Uhr, Fahrrad 10 € pro Tag, „bakfiets" (zum Transportieren von Kindern) 26 €, Kaution 100 €

> **Du Nord Rijwielen,** Keizerstraat 27, Scheveningen, Tel. 070 3554060 (man spricht deutsch), 1.4. –1.10. tägl. 10–18 Uhr, im Winter So., Mo. geschlossen, www.fietsverhuurzuidholland.nl, Fahrrad 7 € pro Tag, auch Mountainbikes, Tandems und „bakfietsen", Ausweis notwendig, keine Kaution!

SCHWULE UND LESBEN

Generell gilt: In den Niederlanden ist man gegenüber der gleichgeschlechtlichen Liebe sehr aufgeschlossen. Holland war das erste Land der Welt, in der die „Homo-Ehe" möglich wurde. Leider werden Homosexuelle inzwischen aber durch radikalisierte Jugendliche wieder zunehmend bedroht.

Die Schwulen und Lesbenszene in Den Haag ist lange nicht so offensichtlich vertreten wie etwa in Amsterdam oder San Francisco. Der Treffpunkt der Szene ist das Café De Landman. Hier feiern viele bekannte Haager Schwule ihren Geburtstag

oder andere rauschende Feste. Gerne treffen sich Schwule und Lesben auch im Café De Vink, wo regelmäßig schwule Feten stattfinden, auch Karaoke gibt es hier und Travestie, Glamour und Glitter werden zur Schau gestellt und zelebriert.

🅾153 [D8] **Café De Landman,** Denneweg 48, www.cafedelandman.nl, Tel. 070 3467727. Täglich ab 16 Uhr geöffnet

🅾154 [B8] **Café De Vink,** Schoolstraat 28, Tel. 070 3650357, www.cafedevink.com. Täglich ab 18 Uhr geöffnet

SICHERHEIT

Den Haag und Scheveningen können für Besucher als **sicher** eingestuft werden. Sie sind zumindest keinesfalls unsicherer als andere Großstädte in Zentraleuropa. Die üblichen **Vorsichtsmaßnahmen** im Hinblick auf Schmuck, Handtaschen und Geldbeutel, Kameras u. a. Wertgegenstände, vor allem bei Massenaufläufen, Veranstaltungen, auf Märkten oder in öffentlichen Verkehrsmitteln, sind wie immer und überall angeraten. Ist man bestohlen worden, muss bei der Polizei (s. S. 113) Anzeige erstattet werden.

SPORT UND ERHOLUNG

WASSERSPORT

Den Haag liegt am Meer und eignet sich damit hervorragend für alle Arten von Wassersport. Wer im Meer **schwimmen** möchte, sollte allerdings an die Strömung denken, die nicht ungefährlich ist. Am besten, man planscht in den Wellen und schwimmt erst gar nicht weit hinaus. Die Strömung ist auch der Grund, warum an den Stränden Luftmatratzen und Schlauchboote verboten sind.

Die vielen Segelboote im Hafen und auf dem Meer deuten es an: Das Meer vor Den Haag ist ein ideales **Segelrevier**. Die Küste vor Scheveningen eignet sich auch sehr gut zum **Surfen**.

S155 [E1] **Hart Beach Surfschule**, Strandweg 3B, Scheveningen (unterhalb des Leuchtturms), Tel. 070 3502591, www.hartbeach.nl, Mo.–So. 10–18 Uhr (wenn gute Wellen sind bis 21 Uhr), Straßenbahn 11, Haltestelle Strandweg. Bei Hart Beach kann man sich Surfboard, Neoprenanzug, Schuhe und Handschuhe ausleihen, aber auch Surfstunden nehmen. Angeboten werden Stunden im Wellenreiten (kein Wind- oder Kitesurfen!), und zwar als Schnupperkurs, 3- oder 5-Tage-Kurs oder in Form einer Privatstunde. Vorher sollte man anrufen und einen Termin machen.

S156 [B1] **F.A.S.T. – Free Architecture Surf Terrain**, Strandweg 1A, Scheveningen, www.fastscheveningen.com (auch englisch), Tel. 06 43432088, Straßenbahn 1 und 9, Bus 21 und 22, Haltestelle Kurhaus. Ein Surferdorf direkt am Strand, bestehend aus Containern zum Duschen, Umziehen und Schlafen (25 €). Auch etwas zu essen und zu trinken bekommt man dort (Bier 2 €, Tagesgericht 8 €). Für Surfer eine tolle Möglichkeit, um andere Leute kennenzulernen, die Wellen in Scheveningen auszuprobieren und nicht zu viel Geld auszugeben. Abends treten manchmal Künstler auf oder es gibt Party am Lagerfeuer.

049dh Abb.: ug

▶ *Surfer-Feeling am Strand von Scheveningen*

S157 [C2] **Reederei Vrolijk – Hochseeangeln**, Dr. Lelykade 22a, Scheveningen, Tel. 070 3514021, www.rederijvrolijk.nl, Mo.–Sa. 8.30–17.30 Uhr, Straßenbahn 11, Haltestelle Duinstraat. Vom Hafen Scheveningen stechen jeden Tag Schiffe in See – mit an Bord sind die Angler. Angel, Senklot und Leine können gemietet, die Makrelen müssen selbst gefangen werden.

REITEN

S158 [G2] **Reitstall Het Fjordenpaard**, www.stalhouderij-hetfjordenpaard.nl, Mobiltel. 06 51382833 (Anita) oder Tel. 076 5617704. Treffpunkt beim Busparkplatz „Zwarte Pad", Straßenbahn 1 und 9, Bus 21 und 22, Haltestelle Norderstrand, Scheveningen, Zwarte Pad. Einmal mit dem Pferd über den Strand reiten? Das geht! Von März bis November finden jeden Freitag und Sonntag Ausritte über den Strand von Scheveningen (im Winter nur sonntags) statt. Es gibt Schnupperausflüge für Anfänger, bei denen das Pferd angeleint ist, romantische Abendausritte zu zweit oder Morgenausflüge (um 8 Uhr) sowie ein langer Strandausritt von fünf Stunden.

050dh Abb.: ug

SONSTIGE SPORTARTEN

S159 Golfplatz Ockenburgh, Wijndae-
lerweg 125, Den Haag (Kijkduin), Tel.
070 3258904, www.golfockenburgh.nl,
8–22.30 Uhr. Ein Neunlochkurs kann für
ein Greenfee von 30 € bespielt werden.

S160 De Uithof, Jaap Edenweg 10, Den
Haag, www.deuithof.nl, Straßenbahn 4
und Bus 25, Haltestelle de Uithof. Man
fährt vielleicht nicht unebdingt zum Ski-
und Schlittschuhfahren nach Den Haag,
aber auch das ist von September bis
März im Uithof möglich. Dazu kommen
Indoor- und Outdoorklettern, Kartfahren
und Trainieren im Fitnessstudio.

WELLNESS

●**161** [A9] **Hammam,** Rubensstraat 39,
Den Haag, Tel. 070 3841414, www.
hammam.nl, Öffnungszeiten Frauen:
Di., Do. 16–23 Uhr, Mi., Fr.–So. 12–18
Uhr, Öffnungszeiten Männer: Mo. 16–23
Uhr, Mi., Fr., Sa. 19–23 Uhr, Eintritt:

Erwachsene 11 €, Kinder (bis 14 Jahre)
6 €, Straßenbahn 6, Haltestelle Vaillant-
laan. Die Regeln sind strikt: Männer und
Frauen getrennt. Die meisten Wasch-
utensilien kann man sich im Hamman
ausleihen oder dort kaufen.

●**162 FloatCenter Haaglanden,** Volendamlaan 1162, Den Haag, Tel. 070
3250168, www.floatcenterhaaglanden.
nl, Bus 23, Haltestelle Volendamlaan,
Straßenbahn 2, Haltestelle Thorbecke-
laan. Floaten im größten FloatCenter der
Niederlande: Hier schwebt man ganz
entspannt in salzhaltigem, körperwar-
men Wasser – und das nicht in einem
klaustrophobisch kleinen Tank, sondern
in einem ganzen „Floating Room". Einmal Floaten kostet rund 38 €.

▲ *Wo keine Berge sind, gibt es eben
Kletterwände, so wie im Uithof*

SPRACHE

Auch diejenigen, die kein Niederländisch können, kommen in Den Haag gut weiter. Fast jeder Holländer spricht sehr gut **Englisch**, denn Fernsehfilme werden hier nicht so wie in Deutschland synchronisiert, sondern nur mit Untertiteln versehen. So kommt es, dass dank Derrick und Tatort auch **Deutsch** ganz gut verstanden wird („Harry, hol schon mal den Wagen").

Die Niederländer lernen schon früh in der Schule Fremdsprachen und sind es auch gewohnt, in einer anderen Sprache als ihrer eigenen zu kommunizieren. Dennoch freut sich jeder, wenn sich die Touristen im Strandlokal wenigstens ein **klein bisschen bemühen** und sich mit einem „bedankt" statt dem deutschen „danke" für den bestellten und an den Tisch gebrachten Kaffee bedanken.

Im Anhang dieses Reiseführers gibt es eine **Kleine Sprachhilfe** (s. S. 130), sodass man schon vor dem Urlaub ein klein bisschen Niederländisch üben kann. Denn wenn jemand bellt, so weiß man dann wenigstens, dass das niederländische „bellen" auf Deutsch „anrufen" heißt.

STADTTOUREN

Eine besonders schöne Art, Den Haag zu erkunden, ist eine geführte **Radtour** auf einem echten Hollandrad. Das ganze Jahr über bietet *Totzo!* unter Leitung von Arthur Wieffering täglich eine Tour durch die Stadt an. Drei Stunden lang (ca. 12 km) geht es durch die schicken und die bürgerlichen Viertel bis nach Scheveningen. Zwischendurch wird angehalten und eine Tasse Kaffee getrunken. Die Tour beginnt um 10 Uhr und man sollte sich vorher anmelden. Kinder sind jederzeit willkommen und finden ihren Platz im „bakfiets" oder in einem Kindersitz.

● **163** [C7] **totzo! Radtouren**, Noordeinde 59, Den Haag, Tel. 070 3265790, info@totzo.org, www.totzo.org, Straßenbahn 1 und 10, Bus 22 und 24, Haltestelle Kneuterdijk. Die Radtouren finden ab einer Teilnehmerzahl von zwei Personen statt. Im Preis von 19,50 € sind das Rad, Den Haager Delikatessen, Kaffee und Mineralwasser inbegriffen. Die Tour kann auch über die Touristeninformation (s. S. 106) gebucht werden.

Ganz neu ist die Möglichkeit, sich mit einem der knallbunten, motorisierten Dreiräder, den sogenannten **Tuk-Tuks**, durch die Stadt fahren zu lassen. Das ist zwar etwas laut und holperig, aber auf jeden Fall mal ein ganz anderes Fortbewegungsmittel. Die Tuk-Tuks stehen am Zentralbahnhof, von dort aus zahlt man pro Person und Zone 5 €. Wer mit dem Tuk-Tuk vom Zentralbahnhof nach Scheveningen an den Strand fahren möchte, durchquert zwei Zonen und bezahlt 15 €. Wer allerdings nur Scheveningen mit dem Tuk-Tuk besichtigen will, der kommt mit 5 € davon. Für das Abholen beim Hotel oder einer bestimmten Adresse werden jedoch noch einmal 3,50 € berechnet. Weitere Informationen findet man im Internet unter www.tuktuk-denhaag.nl (nur auf Niederländisch). Eine komplette deutschsprachige Citytour durch Den Haag und Scheveningen kann man über den VVV (s. S. 106) oder telefonisch bei Marcel von **Tuk Tuk Den Haag** buchen (Mobil-Tel. 06 20881965). Der Preis für die Citytour beträgt 75 € (drei Personen, eine Stunde).

Freiwillige Helfer haben die **Bootsfahrten** durch die Grachten Den Haags wieder ins Leben gerufen. Zwar sollte man keinen Vergleich mit den wunderschönen Amsterdamer Grachten ziehen, doch auch Den Haag hat hier seinen Reiz. Die Fahrt geht vorbei an dem Multikultiviertel Schilderswijk, den Häusern von Baruch de Spinoza, Paulus Potter und Mata Hari, führt an der schönen Mauritskade entlang und an den königlichen Stallungen vorbei. Da die Brücken oftmals sehr niedrig sind, muss man den Kopf ordentlich einziehen!

● **164** [C9] **De Ooievaart**, Bierkade 18B, Den Haag, Bus 18, Haltestelle Bierkade, Tel. 070 4451869, www.ooievaart.nl, Preis: Erw. 9,75 € und Kinder 5,75 €. Karten können auch über das Internet (nur auf Niederländisch) oder über den VVV (Tel. 070 3385800) reserviert werden. Dauer der Fahrt: 1,5 Stunden, deutschsprachige Mitfahrer bekommen ein Heft, in dem alle Fakten auch in Deutsch stehen.

TELEFONIEREN

Öffentliche Telefone sind in Zeiten des Handys, das in Holland liebevoll *mobieltje* genannt wird, kaum mehr zu finden. Wer vor hat, innerhalb von Holland viel zu telefonieren, der kann sich beispielsweise im Supermarkt Albert Heijn (s. S. 28) oder in einem Telefongeschäft eine **niederländische Prepaidkarte** holen. Somit ist das Telefonieren über das Handy günstiger. Übrigens: Wenn ein Holländer etwas von *bellen* erzählt, dann geht es nicht um Hunde, sondern ums Telefonieren, denn *bellen* heißt „anrufen".

051dh Abb.: ug

TELEFONVORWAHLEN

> Deutschland: +49
> Österreich: +43
> Schweiz: +41
> Niederlande: +31
> Den Haag: 070

UNTERKUNFT

Den Haag ist Regierungssitz, Stadt der Botschaften und Ministerien, der großen internationalen Institutionen und Unternehmen und nicht zuletzt der Wohnsitz der Königin und ihrer Familie, daher gibt es relativ viele **Luxushotels,** teilweise mit einer sehr langen Tradition wie das Kurhaus ⓲ und das Hotel Des Indes ❾. Man kann hier stilvoll, luxuriös und in bester Lage nächtigen, muss dafür aber auch entsprechend viel bezahlen. Doch auch diejenigen, die nicht die komplette Urlaubskasse für ein schönes Dach über dem Kopf ausgeben möchten, können in Den Haag **preiswertere Unterkünfte** finden. Dazu sollte man mal im Internet stöbern und sich die Tipps auf den folgenden Seiten ansehen. Nicht

vergessen: Den Haag hat **im Sommer** drei viel besuchte Strandbäder. Das heißt, dass dann die Preise ansteigen und die Zimmer schnell ausgebucht sind. Daher am besten **rechtzeitig reservieren.**

Eine gute Möglichkeit für junge Leute, um in Den Haag günstig zu übernachten, bieten **Hostels.** Für ein paar Euro bekommt man dann einen Schlafplatz in einem Mehrbettzimmer – gute Laune und viel „Action" inklusive.

In ganz Den Haag fällt eine **Kurtaxe** an. Sie richtet sich nach den Sternen und der Größe einer Unterkunft und beträgt zwischen einem und sechs Euro.

Wer online buchen möchte, kann das u. a. bei folgenden Internetadressen:
> www.niederlande.de (deutsch)
> www.hotels.nl (deutsch)
> www.weekendjeweg.nl (Wochenendangebote, nur niederländisch)

HOTELS

🏨**165** [B5] **Best Western Hotel Petit** €€, Groot Hertoginnelaan 42, Den Haag, Tel. 070 3465500, info@hotelpetit.nl, www. hotelpetit.nl, Straßenbahn 17, Haltestelle Stadthouderslaan, Bus 24, Haltestelle Banstraat. Wer sich nicht entscheiden kann, ob er lieber im Stadtzentrum oder in Strandnähe übernachten soll, dem sei dieses Hotel empfohlen. Schön gelegen im Botschaftsviertel bietet das alte Herrenhaus 20 Zimmer, eingerichtet im mediterranen Stil mit warmen Farben. Zwar sind nicht alle Zimmer toprenoviert,

PREISKATGORIEN

Die Preise der angegebenen Hotels gelten für ein Doppelzimmer, Frühstück nicht immer inbegriffen. Die Hotels sind in folgende Kategorien eingeteilt:

€	50–100 €
€€	100–200 €
€€€	über 200 €

◀ *Wer mit dem Boot durch die Grachten Den Haags fährt, muss zwischendurch den Kopf einziehen*

dafür strahlen sie einen Charme aus, den große Hotels mit ihren genormten Zimmern nicht bieten können und einige haben einen Balkon oder eine kleine gemütliche Terrasse, auf der man die Sommerabende genießen kann. Das Nichtraucherhotel bietet Dusche oder Badewanne, Wasserkocher und gratis WLAN in allen Zimmern. Interessant für Familien: Einige Zimmer sind so groß, dass eine ganze Familie (max. 6 Personen) hineinpasst.

166 [D4] **Crowne Plaza Hotel** €€€, Van Stolkweg 1, Scheveningen, Statenkwartier/Diplomatenviertel, www.crowneplazadenhaag.nl, Tel. 070 3525161, vom Buitenhof Straßenbahn 1 in Richtung „Scheveningen/Noorderstrand", Haltestelle World Forum. 200 bis 900 € für eine Luxussuite, es gibt aber saisonal bedingt immer günstigere Angebote. Das Haager Crowne Plaza – früher hieß es Promenade und so nennen es auch die meisten Haager noch – ist ein beliebtes Hotel der Diplomaten, denn es liegt im Diplomatenviertel und hat einen großen Vorteil: viele Parkplätze. Das UN-Jugoslawien-Tribunal und das Haager World Forum Convention Center sind „um die Ecke".

167 [B4] **Bel Air Hotel** €€, Johan de Wittlaan 30, Scheveningen, Tel. 070 3525352, Fax 3525385, reservieringen@belairhotel.nl, www.belairhotel.nl, Straßenbahn 17 und Bus 24, Haltestelle Gemeentemuseum/Museon. Modernes und größtes Hotel Den Haags mit 300 Standardzimmern, 20 Businesszimmern und sieben Suiten mit phänomenaler Aussicht auf Den Haag und das Meer. Gehobene Klasse in sehr guter Lage: Um die Ecke liegt das Gemeentemuseum und nach Madurodam kann man locker laufen. Stadt und Strand sind gut mit öffentlichen Verkehrsmitteln und – mit etwas gutem Willen – auch zu Fuß erreichbar.

168 [E2] **Hotel Bella Vista** €, Gevers Deynootweg 1–5 und Dirk Hoogenraadstraat 214, Scheveningen, Tel. 070 3388422, www.hotelbellavista.nl, Scheveningen, Straßenbahn 1 und Bus 23, Haltestelle Badhuiskade. Kleines Hotel mit 30 Zimmern (10 weitere Zimmer in einem Nebengebäude ein paar Straßen weiter), nur ein paar Meter von Boulevard und Strand entfernt. Für die Lage und die schöne Ausstattung absolut moderate Preise! Die Zimmer sind alle frisch renoviert und im modern-romantischen Stil eingerichtet. Schöner Frühstücksraum. Um die Ecke gibt es einen kleinen Spielplatz und eine *kinderboerderij* (eine Art Streichelzoo).

9 [D8] **Hotel Des Indes** €€€. Das beste und schickste Hotel Den Haags mit einem unvergleichlichen Belle-Époque-Ambiente. Die Preise variieren – Zimmer manchmal schon ab 180 € bis hin zu 1500 € für die Präsidentensuite.

169 [B8] **Ibis Den Haag City Centre** €, Jan Hendrikstraat 10, Den Haag, Tel. 070 3184318, www.ibishotel.com, Straßenbahn 17, Haltestelle Gravenstraat. Wie der Name schon sagt: Dieses Ibis-Hotel liegt im Zentrum, ganz in der Nähe von Grote Kerk, Oude Stadhuis und Passage. Die Zimmer sind einfach, dafür aber günstig.

170 [F2] **Ibis Den Haag Scheveningen** €€, Gevers Deynootweg 63, Scheveningen, Tel. 070 3543300, www.ibishotel.com, Straßenbahn 1 und Bus 23, Haltestelle Scheveningseslag. Nur die Straße überqueren, ein paar Meter laufen – und schon ist man an der Strandpromenade und am Strand von Scheveningen!

171 [C9] **Mercure Den Haag Central** €, Spui 180, Den Haag Zentrum, Tel. 070 3636700, www.mercure.com, Straßenbahn 1 und 16, Haltestelle Centrum, sowie Straßenbahn 2, 3, 4 und 6, Haltestelle Spui. Zentraler kann man in Den Haag kaum übernachten, denn

052dh Abb.: belair

das Mercure liegt mitten in der Stadt, direkt am Tanztheater und am Konzertgebäude sowie nur wenige Meter von den Einkaufsstraßen Marktstraat und Vlamingstraat entfernt. Das modern eingerichtete Hotel hat 159 Zimmer. Ein Kind kann im Zimmer der Eltern kostenlos übernachten.

172 NH Atlantic €, Deltaplein 200, Den Haag (Kijkduin), Tel. 070 3686721, nhatlanticdenhaag@nh-hotels.com, www.nh-hotels.nl, Bus 24, Haltestelle Kijkduin Deltaplein. In fantastischer Lage direkt am Strand von Kijkduin mit einer spektakulären Terrasse über dem Strand. Das Stadtzentrum ist zwar ein klein wenig entfernt, aber der Bus hält direkt vor der Tür. Für ein Viersternehotel sind die Preise moderat und liegen meist unter 100 € pro Nacht, allerdings ohne Frühstück. Das Atlantic verfügt auch über Themenzimmer, zum Beispiel das Hochzeitszimmer, das Motto-Kinderzimmer sowie den Lady's Room. Zusätzlich gibt

es Hallenbad, Sauna und Beauty Farm. Das Hotel ist sehr kinderfreundlich: So gibt es ein Treppchen an der Rezeption, damit die Kids über den Tresen schauen können, sowie einen direkten Zugang zum Strand – also ganz ohne Autos.

173 [C8] Paleis Hotel €€€, Molenstraat 26, Den Haag, Tel. 070 3614533, info@ paleishotel.nl, www.paleishotel.nl, Straßenbahn 17, Haltestelle Gravenstraat. Einmal der Nachbar der Königin sein! Im Paleishotel ist es möglich, denn das wunderschöne kleine Boutiquehotel liegt direkt neben dem Palast Noordeinde im Herzen des historischen Hofquartiers und in der Nähe hervorragender Restaurants und edler Geschäfte. Die 20 renovierten Zimmer strahlen das Flair

▲ *Die Business Suite im größten Hotel Den Haags, dem Bel Air*

hochherrschaftlicher Häuser aus. Die Gardinen sind schwer, die Betten herrlich bequem, das Porzellan handbemalt. Sehr idyllisch ist auch der kleine Hofgarten. Wer sich nun selbst wie ein König fühlen möchte, sollte sich nicht vom Preis abschrecken lassen oder im Internet nach einem Angebot suchen.

174 [A5] **Residenz** €€, Sweelinckplein 35, Tel. 070 3646190, p.mallant@residenz. nl, www.residenz.nl, Straßenbahn 3, Haltestelle Van Speijkstraat, Straßenbahn 17 und Bus 24, Haltestelle Groot Hertoginnelann. Soll man es nun Hotel, Bed and Breakfast oder *stadslogement* („Stadtunterkunft") nennen? Alles passt, aber der besonderen Atmosphäre der Residenz wird man mit einem Wort nicht gerecht. Früher residierte in diesem wunderschönen Herrenhaus von 1896 der Konsul von Spanien, heute empfängt Petra Mallant die Gäste. Das Haus wirkt

mit seiner stilvollen Einrichtung majestätisch. Vier Suiten gibt es in diesem kleinen Hotel an einem der schönsten Plätze Den Haags, ausgestattet mit offenen Kaminen, sehr guten Betten, Blumen, DVD-Spieler, Sitzecke, Wasserkocher und Bademänteln. Die Farbe Schwarz dominiert und macht die Atmosphäre edel und dennoch gemütlich. Wer will, kann sich das Frühstück (ohne Aufpreis) auf das Zimmer bringen lassen. Schön ist es auch, im Wohnzimmer oder Garten zu frühstücken. Internetzugang und das Ausleihen von Fahrrädern ist gratis, ebenso ein paar gute Tipps zum Thema Ausgehen von der Chefin selbst.

18 [F1] **Steigenberger Kurhaus Hotel** €€, Gevers Deynootplein 30, Scheveningen, Tel. 070 4612636, www.kurhaus. nl, Straßenbahn 1 und Bus 21, 22, Haltestelle Kurhaus. Dort übernachten, wo schon Hillary Clinton geschlafen und die Rolling Stones gespielt haben – im Kurhaus in Scheveningen. Das traditionsreiche 5-Sterne-Hotel liegt direkt am Strand. Glücklich ist der, der ein Zimmer mit Meerblick ergattern kann, denn die Aussicht ist fantastisch! Aber auch im Inneren des Hauses gibt es viel zu staunen: Im riesengroßen, wunderschönen Kursaal mit den Deckengemälden und den prächtigen Kronleuchtern wird das Frühstück serviert und es gibt eine schöne Bar, in der abends live Pianomusik gespielt wird. Stilvoller kann man kaum seinen Cocktail trinken und man befindet sich in guter Gesellschaft: Fotos an der Wand zeigen, wer im Kurhaus alles gespielt, gesungen und getanzt hat. Die insgesamt 253 Zimmer wurden kürzlich renoviert und sind in warmen Farben

054dh Abb.: res

◀ *Übernachten in der Residenz, einem Den Haager Herrenhaus*

053dh Abb.: kh

mordern eingerichtet. Neu ist der Exe-
cutive-Service, der Geschäftsreisenden
eine eigene Lounge zum Arbeiten bietet.

HOSTELS

> **F.A.S.T.**, Container für Surfer direkt am
Strand (s. S. 117)

🏠**175** [D2] **Jorplace Beach Hostel**,
Keizerstraat 296, Scheveningen,
Tel. 070 3383270, info@jorplace.nl,
www.jorplace.nl, Straßenbahn 1, Haltestelle Keizerstraat. Dieser Surfertreff-
punkt liegt in Strandnähe. Die 92 Betten
sind auf verschiedene Zimmer verteilt –
vom DZ bis zum 16-Personen-Zimmer
mit Stockbetten. Bettwäsche sowie
Frühstück sind im Preis inbegriffen, die
Duschen befinden sich auf dem Gang.
Sicher kein Luxus, aber echtes *beach
feeling* ist garantiert: Im Garten, in der
Küche und in der Loungebar tummeln
sich die Surfer. Preis im Mehrbettzimmer
ab 20 € pro Person und Nacht, Internet
kostet extra, Fahrräder gibt es für 5 €
am Tag.

▲ *Das Steigenberger Kurhaus Hotel
am Meer – stilvoll essen und
übernachten*

🏠**176** **Stayokay**, Scheepmakersstraat 27
(5 Min. zu Fuß vom Bahnhof Hollands
Spoor), Tel. 070 3157888, denhaag@
stayokay.com, www.stayokay.com/
denhaag. Die ehemalige Jugendherber-
ge wurde soeben neu renoviert und erstrahlt jetzt in neuer Design-Einrichtung.
Insgesamt gibt es 220 Betten, aufgeteilt
auf alle möglichen Zimmergrößen – von
2- bis 9-Bett-Zimmern, alle mit eigenem
Bad. Tolle Lage an einer Gracht, an der
Boote anlegen können und an der man
gemütlich im Freien sitzen kannn. Brasserie, Restaurant, Internet, Waschser-
vice, Radverleih und Radschuppen vor
Ort. Preis pro Person und Nacht ab 30 €.

CAMPING

△**177** **Campingplatz Duinrell**, Duinrell 1,
Wassenaar, Tel. 070 5155255,
www.duinrell.de, Preise ab 8,50 € pro
Platz, 9,75 € pro Person, ganzjährig,
Bus 90 von Centraal Station Den Haag
Richtung Haarlem oder Bus 91 Richtung
Wassenaar, Haltestelle Duinrell. Ein Paradies für Kinder, denn dieser Campingplatz grenzt direkt an den Freizeitpark
Duinrell, dessen Eintrittspreis im Preis
inbegriffen ist. Nun heißt es von früh bis
spät: Achterbahn, Piratenschiff und mit
dem Floß fahren. Aber auch Meer und
Dünen sowie ein Freizeitbad (Tikibad, er-
mäßigter Eintritt für Campingplatzgäste)
sind in unmittelbarer Nähe. Neben Stellplätzen für Zelte und Wohnwagen, kann
man hier auch sog. *duingalows* mieten.

△**178** **Urlaubszentrum Kijkduinpark**,
Machiel Vrijenhoeklaan 450, Den Haag,
Tel. 070 4482100, info@kijkduinpark.nl,
www.kijkduinpark.nl, ganzjährig, Bus 24,
Haltestelle Kijkduin, dann in den Pendel-
bus 24 P, Haltestelle Vakantiecentrum
Kijkduinpark. Tolle Lage, direkt hinter
den Dünen, in Laufabstand vom Strand
Kijkduin. Angeboten werden Dünenvil-
len, gemütliche Chalets und Stellplätze

für Zelt/Wohnwagen. Kinderfreundlicher Platz mit Hallenbad, Spielplätzen, großem Supermarkt, Restaurant, Tennisplätzen, Tischtennisplatten, Fahrradverleih und Waschsalon. Golfplatz in unmittelbarer Nähe. Im Sommer gibt es ein Animationsprogramm für Kinder. Preise: 19–29 € pro Standardparzelle, 21–31 € für Komfortparzellen, Internet 9 € pro Tag.

BED AND BREAKFAST

- ☎ **179 At the Beach** €€, De Savornin Lohmannlaan 467, Tel. 070 3254242, www.bbbdenhaag.com, Bus 24, Haltestelle Kruisbeklaan. Nur 10 Minuten durch die Dünen laufen und schon ist man am Strand! Das Haus hat nicht nur eine tolle Lage (im ruhigen Wohnviertel Vogelwijk), sondern zählt auch zu den besten Bed and Breakfasts der Niederlande. Die im etwas opulenten Stil eingerichteten beiden Zimmer befinden sich im Gartenhaus. Es gibt auch eine Sauna.
- ☎ **180** [F3] **Bed & Breakfast Scheveningen** €€, Leuvensestraat 29, Tel. 070 3875491, www.benbscheveningen.nl, Bus 21, Haltestelle Stevinstraat. Im ruhigen Viertel Belgisch Park in Scheveningen und nur 5 Minuten vom Strand entfernt steht diese schöne Villa, in der Peter und Ineke Korving zwei Gästezimmer anbieten: das Strand- und das Balkonzimmer.
- ☎ **181 B&Bfeel@home** €€, Stationsweg 68, Den Haag, Tel. 070 3352932, www. bedandbreakfast.nl/presentatie/6581, ab 75 €. Marinus Potman und Sonja Tork vermieten schöne ruhige und geräumige Apartments, Frühstück wird serviert, Dinner auf Bestellung möglich. Es gibt ein separates Raucherzimmer.
- ❯ **Business Short Stay The Hague** €€€, Sweelinckplein 9–11, Den Haag, Tel. 06 45410531, www.business-shortstay. com. Vermietung luxuriös ausgestatteter Apartments im Zentrum von Den Haag und in Scheveningen. Beste Lagen, toller Service von Gastgeberin Myrna Brest van Kempen, wenn gewünscht auch mit Frühstück, Lunch oder Dinner.

VERKEHRSMITTEL

BUS UND STRASSENBAHN

Die niederländischen Behörden möchten den Autoverkehr aus den Städten fernhalten, daher sind Parkplätze begrenzt und teuer und der öffentliche Nahverkehr (HTM) dafür gut ausgebaut. In Den Haag gibt es ein großes Straßenbahn- und Busnetz, sodass man auch ohne Auto überall hinkommt. Die meisten **Busse** und **Straßenbahnen** halten an den Bahnhöfen Den Haag Centraal und Hollands Spoor, weitere Knotenpunkte sind der Spui und die Marktstraat mitten in der Stadt.

Eine neue Bahnvariante ist die sogenannte **RandstadRail**, die in der Stadt als Straßenbahn (Nummer 3 und 4) und außerhalb Den Haags als Nahverkehrszug eingesetzt wird. Für diese ganz moderne Schnellbahn wurde extra in der Innenstadt ein Tunnel gegraben und das Schienennetz wurde ausgebaut. Wer die RandstadRail benutzt, muss sein Ticket **am Bahnsteig stempeln** – in der Bahn selbst ist es nicht mehr möglich.

Am einfachsten ist es, direkt bei der Nahverkehrsgesellschaft HTM am Zentralbahnhof oder beim VVV

▶ *Mit der „Tram", der Straßenbahn, kreuz und quer durch Den Haag und Scheveningen*

(s. S. 106) eine von folgenden Karten zu kaufen: eine **Tageskarte** (Preis: 6,70 €) oder eine **Retourkarte** (gültig ab 9 Uhr für eine Hin- und Rückfahrt in Den Haag/Scheveningen, Preis: 2,60 € bzw. bei Kauf in Bus oder Bahn 4,30 €). Man kann auch **Fahrkarten** direkt im Bus oder in der Straßenbahn (mit Ausnahme der RandstadRail) kaufen, billiger ist hier jedoch die Nutzung der sogenannten **strippenkaart**, die es in blau (normaler Tarif) und rot (Kinder bis 12 und Senioren ab 65 Jahren) gibt. Die Karte ist in ganz Holland im Nahverkehr einsetzbar und besteht aus 15 bzw. 45 *strippen* ("Streifen"). Je nach Ziel stempelt der Bus- oder Straßenbahnfahrer 3, 4 oder 5 Streifen ab.

„Streifenkarten" gibt es in den HTM-Verkaufsstellen an den Bahnhöfen, aber auch in vielen Kiosken, bei der Post, beim VVV (s. S. 106) und bei Albert Heijn (Supermärkte, s. S. 28). Eine Karte mit drei *strippen* kostet 2,40 €, eine Karte mit 15 *strippen* 7,60 €. 2011 soll die *strippenkaart*

durch eine **Chipkarte** (**OV-chipkaart**) abgelöst werden.

❯ Alle Verkaufsstellen der *strippenkaart* sowie das Liniennetz sind über die Website www.htm.net (auch auf Englisch) abrufbar.

❯ Wer wissen will, wie man mit öffentlichen Verkehrmitteln von Tür zu Tür kommt, kann sich auf dieser Website informieren: www.9292ov.nl (auch auf Englisch).

TAXI

Auto-Taxi

Taxifahren ist in Den Haag **relativ teuer** und die **dunkelblauen Taxis** sind nicht unbedingt an jeder Straßenecke zu finden. Taxistände gibt es an den beiden Bahnhöfen Den Haag Centraal und Hollands Spoor sowie vor dem Binnenhof.

❯ **Hofstad Taxicentrale,** Tel. 070 3462626 oder online unter www.hofstadtax.nl

❯ **City Tax,** Tel. 070 3830830

❯ **HTMC,** Tel. 070 3907722

❯ **Algemene Taxi Centrale,** Tel. 070 3860202

055dh Abb.: ug

056dh Abb.: tuk

lieber an warmen Sommertagen ins Meer stürzen will. Das Meer ist auch der Grund, warum die **Winter in Den Haag mild** und die **Sommer nicht zu heiß** sind. Auch der Wind weht so gut wie immer und vertreibt so manche Wolke am Himmel. Zu empfehlen ist daher der „Zwiebel-Look": Sind Wolken am Himmel kann es etwas kühler sein und Jacke und Pulli sind notwendig. Scheint dagegen die Sonne und lässt der Wind nach, kann man ruhig ein paar Kleidungsschichten ablegen und sich bereits im März ein gemütliches Plätzchen im Freien suchen.

Fahrrad-Taxi

Eine Alternative zum herkömmlichen Taxi ist das **Velotaxi**, das – wie der Name schon sagt – von einem Fahrrad „angetrieben" wird. Das umweltfreundliche Taxi hat zwei Sitzplätze und kann unter Tel. 015 2141440 bestellt werden

❯ www.velotaxi.nl, Preis: 1 €/3 Min.

Tuk-Tuk

Diese knallbunten, motorisierten Dreiräder aus Thailand machen das Stadtbild Den Haags um einiges fröhlicher und das Taxifahren um einiges günstiger, wenngleich nicht unbedingt bequemer. Entweder man hält ein Tuk-Tuk direkt an der Straße an oder man bestellt es per Telefon.

❯ **Tuk Tuk Company,** Tel. 0900 9933399 (0,50 €/Min.), www.tuktukcompany.nl, 12–20 Uhr, Do.–Sa. bis 2 Uhr, Fahrtkosten: 3,50 € pro Pers. und Zone

WETTER UND REISEZEIT

Eine Reise nach Den Haag lohnt sich zu jeder Jahreszeit, denn die Stadt hat kulturell viel zu bieten. Auch der Strand ist sowohl im Sommer als auch im Winter ein Erlebnis, je nachdem ob man sich den kühlen Wind am einsamen Strand um die Nase wehen lassen möchte oder sich

◀ *Ein Hauch von Thailand mitten in den Niederlanden: die Tuk-Tuks*

ANHANG

KLEINE SPRACHHILFE

Die folgenden Wörter und Redewendungen wurden dem Reisesprachführer „Niederländisch – Wort für Wort" (Kauderwelsch-Band 66) aus dem REISE KNOW-HOW Verlag entnommen und sollen dem Leser eine erste kurze Einführung in die niederländische Sprache bieten. (Das Flämische, das in Flandern gesprochen wird, ist ein Dialekt des Niederländischen.)

AUSSPRACHE

Die folgenden Buchstaben(kombinationen) werden anders als im Deutschen ausgesprochen. Die zweite Spalte gibt die Lautschrift wieder.

ch, g	ch	raues „ch" wie in „lachen"
g	sh	bei franzӧs. Wörtern vor e, i, y wie zweites „g" in „Garage"
ng	ng	„ng" wie im Deutschen „bringen"
e	è	kurzes „e" wie in „bitte"
ei, ij	äj	wie „ey"
eu	öö	wie ein langes „ö"
oe	u	kurzes „u" wie in „Bus"
ou	au	wie „au" in „Maus"
s	ß	stimmloses „s" wie in „Bus"
sch	ßch	wie „ß" und dann „ch" in „Häuschen" (kein deutsches „sch")
sj	sch	deutsches „sch" wie in „Schule"
tj	tch	zwischen „tch" und „tj" wie in „Kärtchen"
u	üü	langes „ü" wie in „Mühe", oder:
	ö	kurzer Laut zwischen „i" und „ö"
ui	öi	etwa wie „öi" in „Feuilleton"
v	v	zwischen „f" und „w"
z	s	stimmhaftes „s" wie in „Rose"

Am Wortende gibt es folgende Besonderheiten:

-b	-p	wie „p"
-d	-t	wie „t"
-ig	-èch	„ech" mit weichem „ch" (kein „ä")
-isch	-ieß	„ieß" (mit langem „i")
-n		wird manchmal verschluckt
-lijk	-lèk	„lek", klingt fast wie „lök"
-tie	-zie	„zie" (mit langem „i")

HÄUFIG GEBRAUCHTE WÖRTER UND REDEWENDUNGEN

Zahlen

0	*nul*	nöll
1	*een*	een
2	*twee*	twee
3	*drie*	drie
4	*vier*	vier
5	*vijf*	väjf
6	*zes*	säß
7	*zeven*	seevèn
8	*acht*	acht
9	*negen*	neechèn
10	*tien*	tien
11	*elf*	älf
12	*twaalf*	twaalf
13	*dertien*	därrtien
14	*veertien*	veertien
15	*vijftien*	väjftien
16	*zestien*	säßtien
17	*zeventien*	seevèntien
18	*achtien*	achtien
19	*negentien*	neechèntien
20	*twintig*	twintich
21	*eenentwintig*	eenèntwintich
22	*tweeëntwintig*	tweeèntwintich
23	*drieëntwintig*	drieèntwintich
24	*vierentwintig*	vierèntwintich
25	*vijfentwintig*	väjfèntwintich
26	*zesentwintig*	säßèntwintich
27	*zevenentwintig*	seevèn èntwintich
28	*achtentwintig*	achtèntwintich

29	*negenentwintig*	neechènènt	101	*honderdeen*	hondèrdeen
		wintich	102	*honderdtwee*	hondèrdtwee
30	*dertig*	därrtich			(usw.)
40	*veertig*	veertich	200	*tweehonderd*	tweehondèrd
50	*vijftig*	väjftich	300	*driehonderd*	driehondèrd
60	*zestig*	sßtich	1000	*duizend*	döisènd
80	*tachtig*	tachtich	2000	*tweeduizend*	tweedöisènd
90	*negentig*	neechèntich	10.000	*tienduizend*	tiendöisènd
100	*honderd*	hondèrd	1.000.000	*een miljoen*	een milljunn

Die wichtigsten Fragewörter

welke?	wällkè	welches?
wat voor een?	wat voor een	was für ein?
waar?	waar	wo?
waarvandaan?	waarvanndaan	woher?
waarnaartoe?	waarnaatu	wohin?
waarom?	waaromm	warum?
hoe?	hu	wie?
hoeveel?	huveel	wie viel?
wanneer?	wanneer	wann?
waarmee?	waarmee	womit?

Die wichtigsten Richtungsangaben

(naar) rechts/links	naar rächtß/linkß	(nach) rechts/links
rechtdoor	rächtdoor	geradeaus
terug	tèröch	zurück
tegenover	teechènoovèr	gegenüber
tussen	tößèn	zwischen
voor – achter	voor – achtèr	vor(ne) – hinten/-r
over – onder	oovèr – onndèr	über – unter
hier – daar	hier – daar	hier – dort
ver – dichtbij	värr – dichtbäj	weit – nah
buiten	böitèn	außerhalb
in het centrum	in hèt ßäntröm	im Zentrum
om de hoek	om dè huk	um die Ecke

Die wichtigsten Zeitangaben

(over)morgen	(oovèr)morchèn	(über)morgen
's morgens	ßmorchènß	morgens
's middags	ßmiddachß	mittags
's avonds	ßavèndß	abends
dagelijks	daachèlèkß	täglich
eerder – later	eerdèr – laatèr	früher – später
nou, nu – gauw	nau, nü – chauw	jetzt – bald

Die wichtigsten Fragen

Wat is dat? wat iß dat	Was ist das?
Kunt u me vertellen ...? könnt ü mè vèrtällèn	Können Sie mir sagen ...?
Is er ...? – Heeft u ...? iß èr – heeft ü	Gibt es ...? – Haben Sie ...?
Ik wou graag ... ik wau chraach	Ich hätte gerne ...
Ik zoek ... – Ik neem ... ik suk – ik neem	Ich suche – Ich nehme ...
Waar vind ik ...? waar vind ik	Wo finde ich ...?
Ik heb ... nodig. ik häp noodich	Ich brauche ...
Waar kan ik ... kopen? waar kann ik ... koopèn	Wo kann ich ... kaufen?
Kunt u me ... geven? könnt ü mè ... cheevèn	Können Sie mir ... geben?
Hoeveel kost dat? huveel koßt dat	Wie viel kostet das?
Waar is ...? waar iß	Wo ist ...?
Hoe kom ik naar ...? hu komm ik naar	Wie komme ich nach ...?
Hoeveel kost de rit naar ...? huveel koßt dè rit naar	Wie viel kostet die Fahrt nach ...?
Ik wil graag naar ... ik will chraach naar	Ich möchte nach ... (Taxi)
Hoe lang duurt ...? hu lang düürt	Wie lange dauert ...?

Nichts verstanden? – Weiterlernen!

Ich spreche kaum Niederländisch.	*Ik spreek bijna geen Nederlands.* ik ßpreek bäjna cheen needèrlandß
Wie bitte? (geduzt/gesiezt)	*Wat zeg je/zegt u?* wat säch jè/sächt ü
Ich habe dich/Sie nicht verstanden.	*Ik heb je/u niet verstaan.* ik häp jè/ü niet vèrßtaan
Sprichst du/sprechen Sie Englisch/ Deutsch?	*Spreek jij/spreekt u Engels/Duits?* ßpreekt ü/ßpreek jäj ängelß/döitß
Was heißt ... auf Niederländisch/ Deutsch?	*Wat is ... in het Nederlands/Duits?* wat iß ... in hèt needèrlandß/döitß
Kannst du/können Sie das wiederholen?	*Kun je/Kunt u dat nog een keer zeggen?* könn jè/könnt ü dat noch een keer sächèn

Könnten Sie etwas langsamer sprechen?	*Zou u iets langzamer kunnen spreken?*
	sau ü ietß langsaamèr können ßpreekè
Was bedeutet dieses Wort?	*Kunt u me vertellen wat*
	dit woord betekent?
	könnt ü mè vèrtällèn
	wat dit woord bèteekènt
Wie spricht man dieses Wort aus?	*Hoe spreekt u dit woord uit?*
	hu ßpreekt ü dit woord öit
Können Sie mir das bitte aufschreiben?	*Wilt u mij dat alstublieft opschrijven?*
	willt ü mäj dat aßtüblieft opßchräjvèn

Die wichtigsten Floskeln und Redewendungen

ja – nee	ja – nein
jaa – nee	
dank u – dank je wel	danke (gesiezt – geduzt)
dank ü – dank jè wäl	
alsjeblieft – alstublieft	bitte (geduzt – gesiezt)
aßjèblieft – aßtüblieft	
Graag gedaan.	Keine Ursache./
chraach chèdaan	Gern geschehen.
Dankjewel, hetzelfde!	Danke gleichfalls!
dankjèwäl, hètsälfdè	(geduzt)
Goedemorgen!/Goededag!	Guten Morgen/Tag!
chujèmorchèn/chujèdach	
Goedenavond!	Guten Abend!
chujènaavènd	
Welterusten!	Gute Nacht!
wälltèrößtèn	
Welkom!	Willkommen!
wällkomm	
Hallo!/Hoi! – Doei!	Hallo! – Tschüss!
hallo/hoj – duj	
Tot ziens!	Auf Wiedersehen!
tott sienß	
Tot gauw.	Bis bald.
tot chauw	
Hoe gaat het (met jou/u)?	Wie geht's (dir/Ihnen)?
hu chaat hèt (mät jau/ü)	
Dank u wel, goed!	Danke, gut. (gesiezt)
dank ü wäll, chut	
Eet smakelijk! – Proost!	Guten Appetit! –
eet ßmaakèlèk – prooßt	Prost!
Sorry! – Het spijt me.	Entschuldigung! –
ßorrie – hèt ßpäjt mè	Es tut mir Leid.
Is niet erg./Is Okee.	Macht nichts! (Antwort
iß niet ärch/iß okee	auf Entschuldigung)

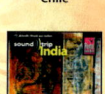

REGISTER

1 cm = 1 km

|1 km |2 km |3 km

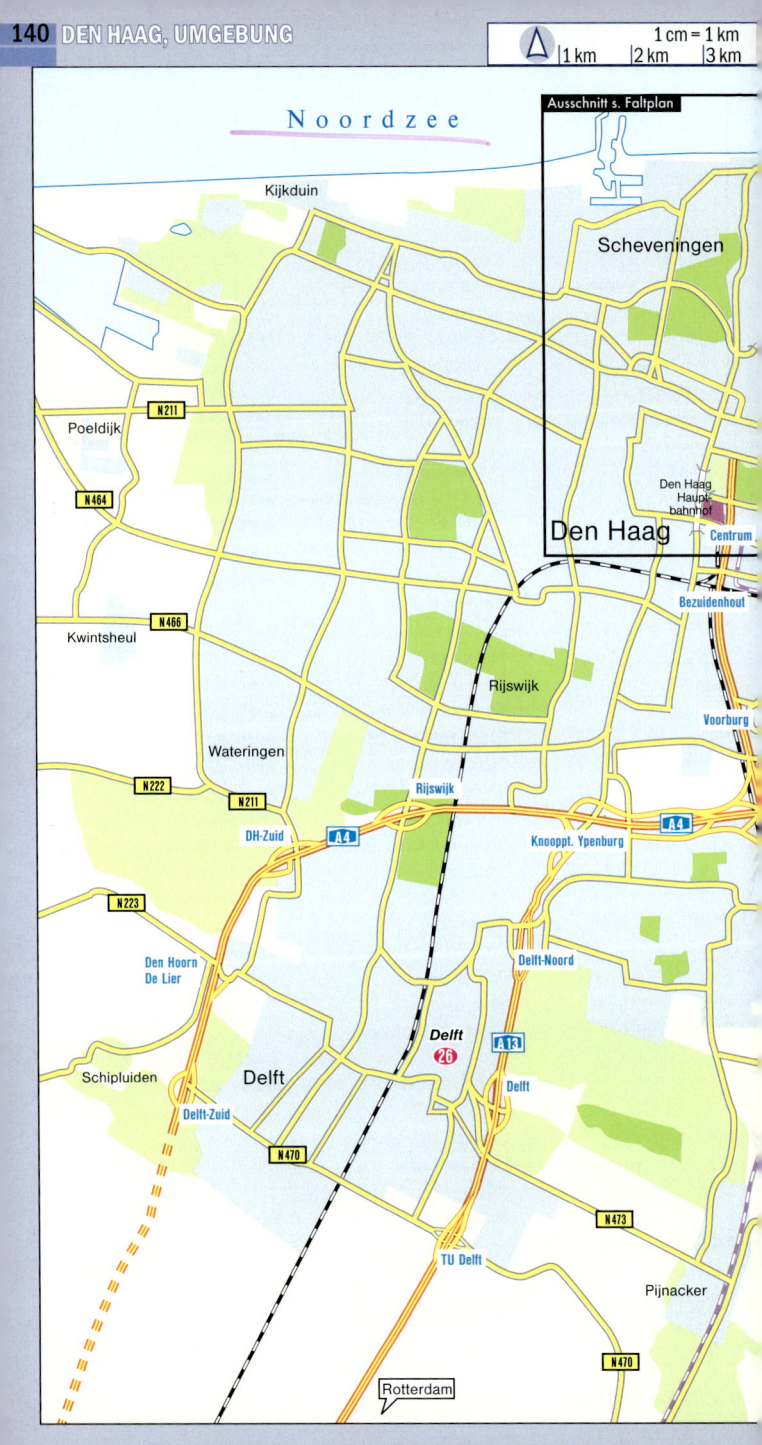

Noordzee

Kijkduin

Ausschnitt s. Faltplan

Scheveningen

N 211

Poeldijk

N 464

Den Haag Haupt-bahnhof

Den Haag

Centrum

Kwintsheul

N 466

Bezuidenhout

Rijswijk

Voorburg

Wateringen

N 222

N 211

Rijswijk

DH-Zuid

A4

Knooppt. Ypenburg

A4

N 223

Den Hoorn De Lier

Delft-Noord

Delft

26

A13

Schipluiden

Delft

Delft

Delft-Zuid

N 470

TU Delft

N 473

Pijnacker

Rotterdam

N 470

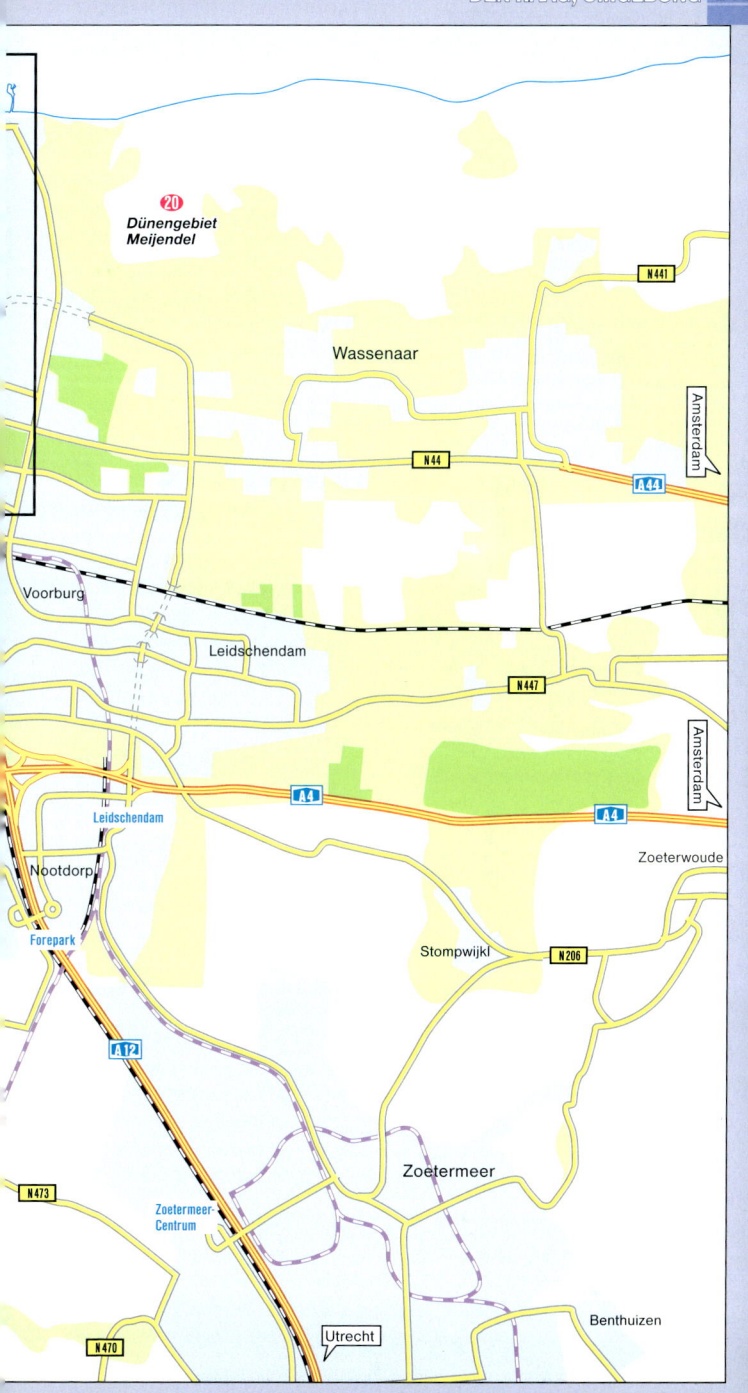

20 Dünengebiet Meijendel

Wassenaar

N 441

N 44

Amsterdam

A44

Voorburg

Leidschendam

N 447

Amsterdam

A4

A4

Leidschendam

Zoeterwoude

Nootdorp

Forepark

Stompwijkl

N 206

A 12

Zoetermeer

N 473

Zoetermeer-Centrum

N 470

Utrecht

Benthuizen

LEGENDE DER KARTENEINTRÄGE

171 [C9] Mercure
Den Haag Central S. 122
173 [C8] Paleis Hotel S. 123
174 [A5] Residenz S. 124
175 [D2] Jorplace Beach Hostel S. 125
180 [F3] Bed & Breakfast
Scheveningen S. 126

❶ [C8] Binnenhof S. 68
❷ [D8] Mauritshuis S. 70
❸ [D9] Plein S. 72
❹ [D8] Huis Schuylenburch S. 73
❺ [C8] Gevangenpoort
(Gefängnismuseum) S. 74
❻ [C8] Die Passage und
der Plaats S. 75
❼ [C8] Het Oude Stadhuis
(Das alte Rathaus) S. 76
❽ [D8] Lange Voorhout S. 77
❾ [D8] Hotel Des Indes S. 80
❿ [D8] Denneweg S. 82
⓫ [C8] Paleis Noordeinde
(Königlicher Palast) S. 83
⓬ [C7] Panorama Mesdag S. 84
⓭ [C6] Vredespaleis
(Friedenspalast) S. 85
⓮ [C9] Nieuwe Stadhuis
(Neues Rathaus) S. 89
⓯ [C9] Spui S. 90
⓰ [D9] Viertel Resident –
die Haager Skyline S. 90
⓱ [E1] Beelden aan Zee S. 93
⓲ [F1] Kurhaus S. 94
⓳ [G1] Pier S. 95
⓴ [B2] Hafen S. 96
㉒ [B4] Statenkwartier S. 97
㉓ [B4] Gemeentemuseum S. 98
㉔ [E5] Madurodam S. 99

Hier nicht aufgeführte Nummern
liegen außerhalb der abgebildeten
Karten. Ihre Lage kann aber wie bei
allen im Buch vorkommenden Orts-
marken mithilfe des Internet-Karten-
service Google Maps™ lokalisiert
werden (s. Umschlagklappe).

ZEICHENERKLÄRUNG

⓫	Hauptsehenswürdigkeit
[L6]	Verweis auf Planquadrat im City-Faltplan
✚ ✚	Arzt, Apotheke, Krankenhaus
●	Bar, Bistro, Klub, Treffpunkt
☎	Bed and Breakfast
🅱	Bibliothek
●	Biergarten, Pub, Kneipe
●	Café
●	Fischrestaurant
●	Galerie
▲	Geschäft, Kaufhaus, Markt
🏨	Hotel, Unterkunft
●	Imbiss
ⓘ	Informationsstelle
@	Internetcafé
🛏	Jugendherberge, Hostel
🎬	Kino
⛪	Kirche
☪	Moschee
🏛	Museum
●	Musikszene, Disco
🅿	Parkplatz/-haus
✿	Polizei
✉ ●	Postamt
ⓝ	Restaurant
🆂	Sport-/Spieleinrichtung
●	Sonstiges
✡	Synagoge
● ●	Theater
●	vegetarisches Restaurant
●	Weinstube
⚠	Zeltplatz/Camping

●●● ④	RandstadRail
●━━⑩	Straßenbahn
⬄	Bahnhof